D1513461

NOUVELLES PRATIQUES SOCIALES

Volume 3, numéro 1
Printemps 1990

1990
Presses de l'Université du Québec
Case postale 250, Sillery, Québec   G1T 2R1

La publication de ce numéro a été rendue possible grâce au soutien de l'Université du Québec à Montréal, de l'Université du Québec à Hull, de l'Université du Québec à Chicoutimi, de l'Université du Québec en Abitibi-Témiscamingue et du siège social de l'Université du Québec.

Composition et mise en pages: Catherine Dugré

ISSN 0843-4468
ISBN 2-7605-0604-5
Presses de l'Université du Québec
Nouvelles pratiques sociales

Dépôt légal – 3ᵉ trimestre 1990
Bibliothèque nationale du Québec
Bibliothèque nationale du Canada

Nouvelles pratiques sociales possède un comité de lecture.
Pour toute correspondance concernant la direction et la rédaction de la revue, s'adresser à:

Secrétariat de *Nouvelles pratiques sociales*
Département de travail social
Université du Québec à Montréal
C.P. 8888, Succ. A
Montréal (Québec)
Canada
H3C 3P8

Pour toute correspondance concernant les abonnements, les autorisations de droits d'auteur et la publicité, s'adresser à:

Presses de l'Université du Québec
C. P. 250
Sillery (Québec)
Canada
G1T 2R1

Sommaire

Le social
dans l'après-Meech

Yves VAILLANCOURT

Ces lignes sont rédigées à la fin de mai, moins d'un mois avant l'échéance fatidique du 23 juin[1]. Les accords du lac Meech n'en finissent plus d'agoniser. Il y a une semaine, Lucien Bouchard démissionnait avec fracas et courage. En délégitimant le *Rapport Charest* et ses 23 recommandations, il rendait périlleuse la passerelle que Brian Mulroney et Robert Bourassa s'apprêtaient à emprunter, pour faire un pas de plus en direction des demandes indécentes des Clyde Wells, Gary Filmon, Frank McKenna et consorts. Il rappelait qu'en se dépouillant de toutes ses cartes lors de la négociation du compromis minimal du printemps 1987, le Québec s'était trouvé par la suite sans défense.

De toute manière, depuis trois ans, j'appartiens à cette frange de Québécois qui souhaitent, sans le dire très fort, l'échec de l'Accord du lac Meech, dans sa version diluée ou pas. Et cela, à partir d'une position souverainiste sur la question nationale québécoise et progressiste sur les questions sociales.

Paradoxalement, entre le printemps 1987 et l'automne 1989, dans les milieux concernés par les pratiques et les politiques sociales, j'ai discuté du lac Meech plus fréquemment au Canada anglais qu'au Québec. Au début, en 1987 et en 1988, cette question n'intéressait tout simplement pas les

---

1. Je remercie Jean-Pierre DESLAURIERS, Danielle DESMARAIS et Benoît LÉVESQUE pour les critiques stimulantes transmises par suite de la lecture de la première version de ce texte.

spécialistes québécois de l'action sociale qui paraissaient accaparés pleinement par d'autres dossiers. Par contre, à ce moment, au Canada anglais, les personnes engagées dans l'action et la recherche sociales choyaient le lac Meech dans leurs agendas. Elles s'activaient fébrilement pour exprimer leurs inquiétudes, notamment au sujet des conséquences dangereuses de l'article 106A[2]. Je fais référence ici à diverses composantes des élites sociales influentes au Conseil canadien de développement social à Ottawa, à l'Association canadienne des écoles de service social, à l'Association canadienne des travailleurs sociaux, au Conseil consultatif canadien sur la situation de la femme, dans les grands syndicats canadiens des secteurs public et parapublic, dans les *Social Planning Councils* de diverses villes canadiennes, à la *Revue canadienne de politique sociale* à Régina, à la revue *Canadian Dimension* à Winnipeg, etc. Que de fois, à ce moment, j'ai eu l'occasion de reprendre la même discussion et de prendre conscience de l'incroyable imbroglio alimenté par le lac Meech. Des personnes progressistes dans le domaine social au Canada anglais expliquaient qu'elles étaient contre l'Accord du lac Meech dans lequel elles voyaient l'affaiblissement de l'État fédéral et l'effritement de son pouvoir de dépenser (Splane, 1988; Banting, 1988)[3]. Je répondais que j'étais également contre l'Accord, mais pour des raisons totalement différentes des leurs. En effet, à la suite de juristes comme Andrée Lajoie et Jacques Frémont (1987) et de politicologues comme Léon Dion (1987), je voyais dans l'Accord une reconnaissance officielle du pouvoir de dépenser et des incursions du gouvernement fédéral dans des champs de juridiction exclusivement provinciale.

En somme, le lac Meech n'a pas tellement amené un nouveau malentendu à l'intérieur de ce nous pourrions appeler le réseau québécois et le réseau canadien de l'action sociale: il a plutôt constitué le puissant révélateur d'un vieux malentendu. Il a permis ce que deux politicologues ont qualifié de «retour aux deux solitudes» (Denis et Rocher, 1990). Nos cousins et cousines intéressés aux pratiques, politiques et organisations sociales progressistes, au Canada anglais, depuis plus de 50 ans, soit depuis les origines du CCF-NPD dans les années 30 et celles de l'État-providence dans les années 40, ont toujours lié indissociablement l'action sociale progressiste

---

2. L'article 106A touche le droit de retrait des provinces des programmes à frais partagés. Il se lit comme suit: «Le gouvernement du Canada fournit une juste compensation au gouvernement d'une province qui choisit de ne pas participer à un programme national cofinancé qu'il établit après l'entrée en vigueur du présent article dans un secteur de compétence exclusive provinciale, si la province applique un programme ou une mesure compatible avec les objectifs nationaux.» (Le Devoir, 1987: 36).

3. Ces argumentations de la gauche canadienne-anglaise contre l'Accord du lac Meech ont été réitérées jusqu'à tout récemment dans les «lettres à un ami québécois» de Philip Resnick (RESNICK et LATOUCHE, 1990) et dans un éditorial de la revue socialiste *Canadian Dimension* (Canadian Dimension Collective, 1990).

et le maintien d'un État central fort. À leurs yeux, le gouvernement fédéral a toujours constitué le grand maître d'œuvre du développement des programmes sociaux d'un océan à l'autre au Canada, y compris au Québec[4]. Pour eux et pour elles, le lac Meech – tout comme le traité du libre-échange Canada–États-Unis, d'ailleurs (Drover, 1990) – symbolise l'affaiblissement de l'État central et, conséquemment, une menace pour le maintien de normes nationales (avec le droit de retrait des programmes sociaux à frais partagés comme l'aide sociale, certains services sociaux, etc.). Dans la culture politique de la gauche sociale au Canada anglais, le palier politique provincial évoque la méfiance, tandis que le palier fédéral suscite la confiance[5].

Avec ou sans Meech, la souveraineté politique du Québec occupera une place privilégiée dans nos agendas à l'automne 1990. La raideur de l'opposition au lac Meech au Canada anglais aura eu au moins un effet positif: elle aura contribué hautement à redynamiser l'aspiration à une souveraineté politique accrue à l'intérieur du Québec. Ceux et celles qui, dans ces années de désenchantement qui suivirent l'échec du référendum de 1980, dans les médias en particulier, croyaient que la question de l'indépendance du Québec était définitivement morte et enterrée se mordent les pouces depuis quelques mois.

Dans un premier temps, soit à l'automne 1989 et à l'hiver 1990, ce sont d'abord des représentants des milieux d'affaires et de la classe politique qui ont pris publiquement la parole pour laisser entendre qu'un Québec plus souverain était dorénavant viable économiquement. Puis, dans un deuxième temps, depuis le printemps 1990, des porte-parole d'autres milieux, notamment des milieux syndicaux, ont commencé à faire entendre une parole souverainiste traversée par les aspirations socio-économiques et socioculturelles de composantes plus modestes de la société québécoise. Le congrès de la CSN, en mai 1990, a été particulièrement riche et éloquent à cet égard[6]. Les 2000 délégués ont mis de l'avant la nécessité de favoriser une double maîtrise de son milieu: d'un côté, la CSN se veut partie prenante de la démarche du peuple québécois pour maîtriser sa destinée politique, c'est-à-dire faire l'indépendance; de l'autre, la CSN préconise la maîtrise par les salariés de leurs propres lieux de travail, par la remise en question de

---

4. Je me suis expliqué là dessus dans VAILLANCOURT (1988: chap. 2).

5. Paradoxalement, cette vision centralisatrice a survécu aux 15 dernières années d'exercice du pouvoir fédéral, années au cours desquelles, pourtant, l'érosion de l'État-providence a progressé, tant sous le gouvernement libéral de Trudeau que sous le gouvernement conservateur de Mulroney.

6. Le congrès de la CEQ à la fin de juin 1990 permettra éventuellement à cette autre centrale québécoise de se prononcer clairement en faveur de l'indépendance du Québec en tenant compte des aspirations de ses membres.

l'organisation tayloriste du travail, encore largement répandue au Québec, notamment dans le secteur public[7].

Sur les différents terrains de l'action sociale progressiste au Québec, un nombre significatif de personnes s'inquiètent de ce que la marche vers une souveraineté accrue du Québec puisse aller de pair avec le développement de politiques sociales et culturelles droitières. Ces inquiétudes sont légitimes. Mais elles deviennent moins plausibles lorsque l'on prend conscience avec confiance de la contribution possible des mouvements sociaux dans la définition du projet de société que nous voulons construire. Les personnes et les organismes investis dans les pratiques sociales au Québec auront de lourdes responsabilités au cours des prochains mois pour dessiner le contenu social de la société distincte et inciter les médias à s'y intéresser. Pour être conséquents en tant que Québécoises et Québécois épris à la fois de souveraineté et de justice sociale, nous devons travailler au développement d'un double rapport de forces. D'une part, il y a celui dont a parlé Lucien Bouchard, c'est-à-dire ce rapport de forces qui permettra au peuple québécois d'arracher plus de pouvoirs au système fédéral pour maîtriser son avenir collectif. D'autre part, il y a cet autre, dont parlent moins les Lucien Bouchard, c'est-à-dire ce rapport de forces qui permettra aux couches populaires, aux groupes marginalisés et aux divers mouvements sociaux, à l'intérieur même de notre «société distincte», de forcer l'État québécois et divers paliers de pouvoirs municipaux (sans oublier la Ville de Montréal) et régionaux (sans oublier les éventuelles régies régionales dans le champ de la santé et des services sociaux) à développer des politiques sociales plus équitables et progressistes à l'endroit des jeunes, des personnes âgées, des femmes, des travailleurs, des minorités ethniques, des Amérindiens, etc.

Les milieux d'affaires ont une place dans les débats sociaux et, en la prenant, ils nous ont aidés à mieux saisir jusqu'à quel point ils sont loin de constituer un bloc monolitique sur ces questions. La Forum national pour l'emploi, à l'automne 1989, avait contribué également à nous sensibiliser à certaines nuances (Desmarais, 1989). Les analyses, les recherches et les stratégies issues des mouvements sociaux ou liées à ces derniers doivent apprendre à différencier davantage les Ghislain Dufour et les Claude Béland, les Malenfant et les Lemaire, les modèles de gestion autoritaire et les modèles de gestion participative dans l'entreprise. Il y a des forces vives qui bougent dans les élites économiques, comme il y en a dans les mouvements sociaux

---

7. L'entrevue avec Monique Simard dans le présent numéro témoigne avec vigueur des orientations entérinées par le Congrès. La réélection de cette dernière au poste de première vice-présidente, l'élection de Pierre Paquette au poste de secrétaire général et la décision de Gérald Larose de faire un autre mandat à la présidence représentent des atouts positifs pour le renouvellement des pratiques syndicales à la CSN au cours des deux prochaines années.

nouveaux et anciens. Ces deux dynamiques appellent l'aménagement de formes nouvelles et prometteuses d'interfaces dans lesquelles on verra davantage l'économique aller au devant du social et le social aller au devant de l'économique. Ces dynamiques ne sont pas seulement des utopies. Elles sont déjà en marche dans diverses régions et divers milieux pour ceux et celles qui savent regarder.

Mais il n'est nullement question de tout attendre de la portion congrue et fragile des élites économiques québécoises ouverte au social. Les forces engagées dans diverses formes de pratiques sociales, sans oublier celles de la formation et de la recherche, ont à se concerter et à se mobiliser pour rappeler la question cruciale de l'emploi pour les jeunes; pour dénoncer les situations de pauvreté dans le «Québec cassé en deux»; pour désembourber le crucial dossier de la réforme de l'aide sociale enlisé dans une approche punitive depuis trois ans; pour introduire une plus grande prise démocratique des services de santé et des services sociaux par les citoyens et les citoyennes; pour rendre possible des pratiques de désinstitutionnalisation responsables; etc. N'attendons pas que les autres nous organisent des états généraux. Mettons-nous en marche pour préparer les états généraux du social dans lesquels la place de choix appartiendra aux organismes communautaires nettement identifiés à la défense des droits et à la promotion des aspirations des personnes les plus démunies et les plus marginalisées de notre société.

À la revue NPS, nous en avons discuté dans notre dernier comité de rédaction, le 25 mai dernier, et nous voulons être partie prenante des débats sociaux. Nous voulons être un pont entre les recherches sociales de pointe et les pratiques sociales éprises de renouvellement. Nous voulons accorder une place accrue et audacieuse aux jeunes étudiants et étudiantes du social – un bassin de créativité privilégié – dans la production de la revue, en les invitant plus officiellement et audacieusement à collaborer à certaines de nos rubriques comme «L'actualité», «Les comptes rendus», «Échos et débats». Nous sommes prêts à nous engager, en nous concertant éventuellement avec d'autres organisations, d'autres revues et d'autres équipes œuvrant dans le social, afin de préparer des débats, des colloques, des séminaires de recherche et d'autres formes d'activités permettant de conférer une place accrue au renouvellement des pratiques sociales dans notre société distincte qui se construit[8]. Il y a un espace à occuper et des initiatives à prendre. Il y a de nouveaux paradigmes à mettre au point et à opérationaliser au plan de la recherche sociale (Lipietz, 1990). Qu'attendons-nous pour préparer

---

8. Ces activités pourraient avoir une portée régionale, tel le colloque sur les «nouvelles pratiques sociales» organisé par l'Université du Québec à Chicoutimi, dans la région du Saguenay–Lac-Saint-Jean, à l'automne 1990.

des propositions que nous souhaiterions traduire dans un Québec davantage souverain dans des domaines comme la santé et la sécurité au travail, la réforme de l'aide sociale et de l'assurance-chômage, l'action positive en faveur des personnes handicapées, l'accueil des immigrants, la consolidation du communautaire, etc.? J'ajoute même qu'il sera nécessaire et intéressant de rétablir un dialogue avec nos cousins et nos cousines du social au Canada anglais, mais sur nos propres bases.

Oui, tout cela représente un immense défi et beaucoup de travail social, j'en conviens. Mais c'est du travail social fort enthousiasmant!

Bibliographie

BANTING, Keith G. (1988). «Federalism, Social Reform and the Spending Power», *Canadian Public Policy / Analyse de politiques*, vol. 14, n° spécial, septembre, 81-92.

CANADIAN DIMENSION COLLECTIVE (1990). «Reject Meech Lake», *Canadian Dimension*, vol. 24, n° 1, janvier-février, 4.

DENIS, Serge et François ROCHER (1990). «Le retour aux deux solitudes», *Relations*, n° 559, avril, 88-89.

DESMARAIS, Danielle (1989). «Le travail salarié, le chômage et le Québec de l'an 2000», *Nouvelles pratiques sociales*, vol. 2, n° 2, automne, 1-10.

DION, Léon (1987). Dans Le Devoir, «Le Québec et le lac Meech», Montréal, Guérin, 91-95.

DROVER, Glenn (1990). *Le libre-échange et l'universalité*, texte non publié d'une communication faite dans le cadre du colloque «Politiques économiques, politiques sociales, 18 mois après le traité de libre-échange», organisé par le Bureau de Montréal du Conseil canadien de développement social et tenu à l'Université de Montréal, les 14 et 15 mai 1990.

LAJOIE, Andrée et Jacques FRÉMONT (1987). Dans Le Devoir, «Le Québec et le lac Meech», Montréal, Guérin, 170-173.

LE DEVOIR (sous la direction de) (1987). «Le Québec et le lac Meech», Montréal, Guérin, 477 p.

LIPIETZ, Alain (1990). «Après-fordisme et démocratisation», *Les temps modernes*, n° 524, mars, 97-121.

SPLANE, Richard (1988). «The Meech Lake Accord: Its Advent, its Transgressions, its Decanonization, its Nemesis», *Canadian Review of Social Policy / Revue canadienne de politique sociale*, n° 20, janvier, 23-31.

RESNICK, Philip et Daniel LATOUCHE (1990). *Réponse à un ami canadien précédé de lettres à un ami québécois*, Montréal, Boréal.

VAILLANCOURT, Yves (1988). *L'évolution des politiques sociales au Québec, 1940-1960*, Montréal, Presses de l'Université de Montréal.

Syndicalisme, féminisme et travail professionnel

Entrevue avec Monique Simard
Entrevue: *Paul-R. Bélanger, Yves Vaillancourt*
et Danielle Desmarais
Texte: *Danielle Desmarais*

Monique Simard est à l'emploi de la Confédération des syndicats nationaux (CSN) depuis 17 ans. Elle y est entrée en 1973, à 23 ans, après avoir complété des études en sciences politiques à l'UQAM. Nous avons rencontré madame Simard en mars 1990, alors qu'elle venait de conclure la négociation des conventions collectives dans le secteur public. Cet événement marquant de la vie syndicale et politique québécoise constitue donc la toile de fond de l'entrevue.

Madame Simard nous parle de sa vision féministe et de son cheminement à l'intérieur de la CSN au poste de conseillère, puis de négociatrice, et depuis 1983, de première vice-présidente. Elle trace un portrait critique du syndicalisme québécois en tant que mouvement social, son histoire récente, les enjeux actuels qui le confrontent. Elle rappelle ses alliances traditionnelles avec certains groupes féministes, et en envisage de nouvelles avec les groupes communautaires et les plus démunis.

Enfin, elle fait le point sur les enjeux des négociations dans le secteur public pour le renouvellement des pratiques sociales. Elle discute en particulier du sort de certaines catégories de travailleuses professionnelles, les infirmières et les travailleuses sociales. Elle aborde des questions actuelles sur l'organisation du travail, notamment le professionnalisme et la participation à la gestion du lieu de travail.

NPS – *Pourriez-vous retracer pour nous les étapes de votre cheminement à l'intérieur de la CSN?*

M. Simard – Je suis entrée aux affaires sociales comme conseillère et après cela, je suis allée aux pâtes et papiers, toujours comme conseillère. Nous étions peu de femmes... Tout l'appareil était très, très masculin. Je pense que j'étais la quatrième femme à entrer à la CSN. Mais dès la première année, j'ai constaté que tout était discriminatoire à l'égard des femmes. Pas spécialement à l'intérieur de la CSN, mais dans l'ensemble de la société. La convention collective de 1972, c'était un torchon de discrimination à l'égard des femmes! Tous les types d'emplois étaient sexués, avec des échelles de salaire différentes. Dans le même emploi, les salaires étaient plus élevés pour les hommes que pour les femmes.

NPS – *Et là, on ne parle même pas de travail équivalent, on parle du même emploi...*

M. Simard – Pour un emploi *identique*, les salaires des femmes étaient moins élevés! Moi, ça m'a un peu stupéfiée! Il y avait une telle intolérance à l'égard des femmes: c'était assez terrible. Dans une fédération des affaires sociales, par exemple, les syndicats de couture étaient dirigés par des hommes! Au conseil fédéral de la Fédération des affaires sociales (FAS), il y avait donc très peu de femmes. Les seules femmes à se représenter elles-mêmes, c'était les infirmières. Et là se reproduisait toute l'agressivité et le machisme à l'égard des femmes qui ne pouvaient s'exprimer sur le lieu du travail, notamment parce que les infirmières étaient les patronnes de beaucoup de travailleurs qui, ne pouvant se défouler à l'hôpital, se reprenaient dans les instances syndicales. Si les infirmières ont quitté massivement la CSN au milieu des années 70, c'est notamment à cause de cela! C'était insupportable!

Dans le mouvement syndical, c'est très tôt que la question des femmes est devenue prioritaire, et c'est pour ça que j'y suis restée. Avec Lucie Dagenais, une féministe de longue date, et quelques femmes, nous avons décidé de faire quelque chose. Je me souviens, la première réunion du comité de la condition féminine de la CSN a eu lieu chez-moi, fin 1973.

NPS – *Vous ne pouviez pas la faire dans l'édifice de la CSN, cette première réunion...*

M. Simard – Ah! non. C'était impossible, au contraire, nous avons été traitées de tous les noms. Bien sûr, plusieurs personnes comprenaient la nécessité de ce que nous entreprenions, l'importance de se prendre en charge sur cette base-là. Plusieurs constataient qu'il y avait une discrimination terrible! Nous avions l'appui de Marcel Pepin, le président d'alors, qui défendait l'existence de ce comité. Mais le fait que les femmes se regroupent sur leurs propres bases pour traiter de la question des femmes, c'est encore menaçant aujourd'hui. À l'époque, ça l'était d'autant plus! Une des premières choses qui a fait l'objet de contestation à la CSN, ce fut la mixité de cette nouvelle structure. Les hommes voulaient entrer au comité, et nous les femmes, on refusait! Tous les débats entourant la mixité n'intéressent pas les hommes, dans le sens où ça ne les intéresse pas de travailler dans les comités de condition féminine. Si les hommes font ces débats, c'est qu'ils se sentent menacés que les femmes se regroupent sur cette base.

NPS – *Le comité de la condition féminine de la CSN fut donc le premier lieu syndical d'organisation des revendications des femmes sur ce mode particulier. L'était-il aussi pour l'ensemble du Québec?*

M. Simard – Oui. Ce fut le premier lieu dans l'ensemble du mouvement syndical et dans l'ensemble de la société québécoise. Parallèlement, on assistait à l'émergence du mouvement féministe au Québec, à l'émergence des groupes autonomes, composés à l'époque essentiellement de femmes bourgeoises, instruites, qui réfléchissaient sur ces questions; bref, des groupes d'intellectuelles. La pénétration dans une organisation plus large, c'est dans notre mouvement syndical qu'elle a débuté. D'ailleurs, on s'est confrontées dès le début. Les féministes pures et dures disaient: «On ne peut pas travailler dans les organisations mixtes tels les syndicats.» Moi, je n'ai jamais pensé cela. Le milieu syndical représentait pour moi un terrain de lutte extrêmement pratique pour les conditions de travail. J'ai toujours eu la conviction que les femmes ne peuvent pas être autonomes si elles ne peuvent accéder à une certaine autonomie financière. Il n'y avait pas de meilleure place pour travailler à l'amélioration de cette situation qu'une centrale syndicale! J'ai donc travaillé environ trois ans au comité, une fois qu'il fut créé officiellement. Car on a finalement créé un service, avec des budgets, fin des années 70, début des années 80.

NPS – *Étiez-vous en contact avec le milieu émergent des groupes de femmes, en particulier dans le domaine de la santé, quand les femmes ont commencé la lutte pour prendre le contrôle de leur corps?*

M. Simard – Oui. La première fois qu'on a fêté le 8 mars, nous étions seulement 200 femmes, syndicalistes et autres, dans le sous-sol de l'église Saint-Édouard, à Montréal. On se pensait révolutionnaires! De toutes façons, le Québec est une société tricotée serrée. Dans la première moitié des années 70, l'on était de celles qui se définissaient et s'affichaient comme féministes, ou l'on était de celles qui tentaient d'agir comme tel, mais l'on se connaissait toutes! Et comme nous, à la CSN, on œuvrait dans le domaine de la santé, on a été des premiers fronts de lutte sur l'avortement et les garderies. Cela s'explique: c'était les femmes qui avaient un emploi – et en particulier les femmes de l'intérieur même de la CSN – qui ont été les premières à tenter de mettre sur pied les premières garderies populaires, à titre d'exemple. Le premier Centre de santé à Québec s'est installé dans l'édifice de la CSN! Pendant des années, bien avant les ajustements législatifs, on a pratiqué des centaines d'avortements dans cet édifice! D'ailleurs, il y eut à cette époque une proposition d'un syndicat pour faire expulser le centre de santé des femmes. Ce fut un gros débat! Nous, on a dit non! C'était important qu'on continue d'offrir ce service aux femmes.

NPS – *Vous avez été conseillère aux affaires sociales, puis aux pâtes et papiers. Mais vous avez aussi une longue expérience en tant que négociatrice...*

M. Simard– J'ai plus d'une centaine de négociations dans le corps! Je sais un peu ce que c'est! À ce sujet, j'ai eu une expérience assez intéressante quand j'étais aux affaires sociales. La loi 65 a fait en sorte que les CLSC ont été créés après le front commun de 1972. Les travailleuses et travailleurs embauchés se sont alors mis à se syndiquer. Et moi, on m'a confié la première négociation provinciale des CLSC. J'ai donc fait une négociation comme porte-parole, toute jeune, entre les deux fronts communs. Après cela, j'ai été placée sur l'équipe de négociation du deuxième front commun. Puis, faute de budgets, j'ai perdu mon emploi, et là, je suis partie. J'ai fait le choix d'aller aux pâtes et papiers.

NPS – *La CSN a certes évolué depuis votre arrivée. Quel portrait traceriez-vous de votre centrale syndicale en 1990?*

M. Simard– Parlons d'abord des bons côtés. Je trouve que la CSN reste une organisation collée à ses principes de base de lutte pour la justice sociale et économique, pour une meilleure équité dans la société. La CSN continue à soutenir les personnes qui veulent faire des batailles, même si ces batailles ne sont pas toujours gagnées... et à maintenir des liens étroits avec les plus démunis.

Maintenant, les côtés négatifs. La CSN s'est beaucoup bureaucratisée. Elle a beaucoup grossi, pas toujours de la bonne façon... C'est un gros appareil, il y a donc tous les problèmes de fonctionnement d'un gros appareil. La capacité de pouvoir de revirer vite sur un 10 cents, comme je dis, de pouvoir réagir plus spontanément, de pouvoir initier plus rapidement des luttes, de pouvoir être un lieu où l'on peut vraiment s'exprimer sans que cela ne nous cause des torts, cela je trouve que c'est un peu perdu... C'est moins facile aujourd'hui. Pourtant, on peut penser paradoxalement qu'à l'époque, les positions étaient plus conservatrices! Et c'est vrai! C'est difficile à dire... parce que je suis une haute dirigeante de la CSN... Vous pourriez dire: «C'est de votre faute!» J'essaie parfois de comprendre pourquoi cela s'est produit. Je pense qu'il y a un processus d'autocensure qui s'exerce actuellement. Ça, à mon avis, c'est très, très dangereux.

Il faut toutefois préciser qu'il y a eu des époques où l'avenir était moins angoissant. Où l'on pensait que tout nous appartenait. Rien ne nous était interdit. Dans les années 60-70, on en était encore aux étapes de construction du Québec moderne en termes d'équipement, de réseau, etc. Le mouvement syndical, qui est très lié aux phases de développement de la société, s'imprégnait, dynamisait et se redynamisait. Depuis le début des années 80, avec le référendum et la crise économique, on est au contraire devant un portrait d'avenir tout à fait inverse où on a tout à perdre, où on ne sait plus ce qu'on a à gagner. Cela se reflète dans les attitudes. Alors les gens se sentent insécures. Le mouvement syndical se cherche un peu. Et quand les gens sont portés à être angoissés, ils ont moins tendance à s'exprimer, à tort ou à raison.

NPS – *On le voit à propos de questions de l'heure, telle la gestion des entreprises, et en particulier la participation... Ce sont là des sujets de vifs débats. Les syndiqués ne savent pas trop comment se positionner. Vous avez vous-même laissé entendre ailleurs que votre position s'était modifiée par rapport à cette question...*

M. Simard – Oui, mes positions sont changées parce qu'avant c'était facile de dire: «Il suffit de faire une bonne bataille, et on gagne.» Or quand ça fait trois ou quatre fois que les gens font des bonnes batailles qu'ils perdent et qu'on ne peut plus négocier à la hausse, mais au contraire qu'il faut négocier la baisse, ou la perte, alors beaucoup de gens requestionnent toute la finalité de l'action syndicale. J'ai remarqué que beaucoup de travailleurs intellectuels ont décroché quand c'est devenu dur. Quand il a fallu assumer autre chose que des victoires, ils ont complètement quitté les rangs du syndicat. Bref, ce mutisme des gens qui ne veulent pas se compromettre dans la gestion de la crise, de la décroissance, et de tout ça, c'est ce que moi, je trouve de plus malheureux par rapport aux années 70.

NPS – *Ne faut-il pas y ajouter le fait que dans certains milieux sont apparues de nouvelles préoccupations par rapport à l'organisation du travail? Lors des dernières négociations, les infirmières ont fait référence à la revalorisation de leur travail. Ces nouvelles revendications ne sont-elles pas plus difficiles à assumer par une grande centrale syndicale comme la vôtre?*

M. Simard – Ces revendications ont toujours existé. Mais durant les années 70, elles ont été mises en veilleuse dans le mouvement syndical au nom de revendications plus larges. C'était plutôt une certaine forme de justice économique et sociale qui dominait les cahiers de revendications. À chaque fois que quelqu'un voulait mettre de l'avant un problème professionnel, des revendications professionnelles, il se faisait traiter de corporatiste.

On n'a sans doute pas réalisé durant toutes ces années combien c'était important le sentiment que les gens développent par rapport à leur travail et non pas seulement par rapport à ce qu'ils ont dans leurs poches... Les infirmières notamment étaient très frustrées que leur organisation syndicale ne reconnaisse pas la valeur de leur profession. Leur départ de la CSN tient à deux raisons: la première, que j'ai évoquée tantôt, c'est le mépris à leur égard comme femmes, *comme femmes*. Ça ne se disait pas comme ça, mais il s'agissait bien de cela. Parce que c'était le seul vrai groupe de femmes organisé à la CSN. De toutes façons, les femmes n'occupent toujours pas beaucoup d'emplois ici. Et l'autre raison, c'est celle qui renvoie à l'autonomie professionnelle...

Mais la CSN est une organisation très ouverte: ça rentre, ça sort... Il n'y a pas de stabilité ici comme on peut en rencontrer dans d'autres organisations syndicales. La CSN a perdu beaucoup de membres dans sa vie. Elle en a gagné beaucoup. On a eu des chiffres cette semaine: 238 000 membres! C'est pas pire! Il y a cependant des membres qui n'ont jamais quitté.

NPS – *Et qu'en est-il des autres professionnels du réseau de la santé et des affaires sociales? Quelle évaluation faites-vous des rapports entre la dynamique syndicale et professionnelle des dernières années?*

M. Simard – Chez les professionnels, le syndicalisme est d'ordre différent. Ils se sont syndiqués au Québec – et c'est déjà assez particulier – avec la modernisation du Québec. Je n'ai jamais vu les professionnels comme un bloc monolithique. Les professionnels des services sociaux et de la santé représentent un groupe très important à la CSN. Ces travailleuses sont toutes syndiquées à la CSN. Elles sont cependant regroupées dans deux fédérations différentes. Ceci apparaît important à souligner. Certaines ont choisi la fédération des professionnelles. Ce qui fait que leur négociation collective, même si c'est une négociation centralisée avec l'État, n'est qu'une table de revendication de professionnelles. L'autre moitié des professionnelles, par contre, est syndiquée à la FAS et se fond donc dans un syndicalisme industriel où la particularité professionnelle est noyée parmi beaucoup d'autres. Il est assez intéressant de voir comment ces deux groupes posent leurs conditions de façon différente. Personnellement, j'ai toujours pensé que les professionnelles des affaires sociales comptaient sur l'autre fédération pour s'occuper de faire passer leurs affaires! Car il y a une fédération qui veille aux intérêts professionnels. Sachant qu'au bout du compte, elles vont avoir les mêmes conditions, et que, de surcroît, leur spécificité sera reconnue, elles acceptent de se fondre dans la grande masse. Cette dynamique est très peu apparente, mais l'analyse que j'en fais correspond à ma perception et à l'expérience de travail que j'ai avec ces groupes depuis plusieurs années.

NPS – *Et les travailleuses sociales...*

M. Simard – Les professionnelles des affaires sociales, et les travailleuses sociales en particulier, sont très différentes des physiothérapeutes ou des ergothérapeutes, par exemple. Les travailleuses sociales forment un groupe à part. Elles ont un rapport au syndicalisme qui est différent. Le radicalisme que l'on retrouve chez les travailleuses sociales, lorsqu'elles entrent dans le champ de l'action syndicale, ne correspond pas à leur niveau de formation professionnelle, à leurs conditions de travail et de salaire. À travers le syndicalisme, elles trouvent la voie d'expression de leur exaspération sociale, de leur sentiment d'impuissance, de toute leur frustration d'être incapables d'améliorer le sort du monde, alors qu'elles sont en principe là pour aider les gens qui sont dans les pires conditions. Ça m'a pris du temps pour comprendre cela. N'est-il pas vrai que les travailleuses sociales travaillent avec des cas, des situations très difficiles, que ce soit les personnes âgées abandonnées, les enfants violentés, les mères battues, les pauvres désœuvrés? De plus, les problèmes sociaux augmentent et les moyens dont elles disposent baissent. D'où un radicalisme assez surprenant dans leur militantisme syndical! Nos syndicats qui regroupent surtout des travailleuses sociales sont, dans les affaires sociales, ceux qui sont les plus radicaux. Beaucoup plus radicaux que nos gros syndicats d'hôpitaux ou d'autres grosses institutions.

Les travailleuses sociales que nous représentons ont toutes commencé à travailler dans les années 70 à travers une réforme de santé et des services sociaux qui a créé les CSS, les CLSC, etc. Elles ont 10 ou 15 ans d'expérience. Elles ont donc 40 ans. Et 40 ans, c'est aussi un moment important dans la vie! Normalement, quand ça fait longtemps que tu travailles, tes conditions de travail devraient s'améliorer, et non se détériorer. Or ces travailleuses sociales se retrouvent plus vieilles, plus fatiguées, avec une tâche plus lourde, de moins bonnes conditions de travail et devant des résultats professionnels moins bons qu'avant! Arrive le moment de la négociation. Surgit alors tout ce qui s'est additionné, tout ce qui a été réprimé pendant les dernières années. C'est le moment ou jamais de dire: «Je vais régler mon problème!» Alors là, les attentes sont considérables!

NPS – *Et ne peut-on ajouter, la Commission Rochon l'ayant largement identifié, le manque de reconnaissance professionnelle...*

M.Simard – Oui, tout cela: le manque de reconnaissance, de valorisation, les salaires qui n'ont pas augmenté depuis 1982 dans bien des cas. Les travailleuses sociales ayant des salaires plus élevés, les politiques salariales les ont discriminées. Elles ont été coupées alors que d'autres ne l'ont pas été. Les augmentations salariales ont été moins importantes pour elles en termes de pourcentage. Elles travaillent dans des boîtes qui se bureaucratisent: il y a plus de chefs que d'indiens dans ces centres-là. Elles constatent qu'il y a des abus administratifs considérables. Elles sont elles-mêmes victimes d'injustices: les cadres ont de meilleures augmentations qu'elles, leurs bureaux ne sont pas rénovés, alors que ceux des cadres le sont. Bref, une accumulation de toutes sortes de choses.

Le sentiment de dévalorisation est très profond dans l'ensemble de ce secteur professionnel. Elles ont été véritablement méprisées et dévalorisées. Elles se servent donc de leur outil syndical comme elles se servent d'une négociation pour tenter d'obtenir tout en même temps. Par conséquent, les attentes sont immenses, et je vous avouerai, très épeurantes, parce qu'impossibles à combler tellement elles sont grandes.

Les infirmières, à titre d'exemple, sont extrêmement déçues du résultat de leur négociation. Elle ne comprennent pas. Elles ont raison de se sentir dévalorisées, mal payées, surmenées. Elles ont dit: «Tout le monde a compris notre problème.» Tout le monde trouvait que les infirmières avaient raison. Le monde enfin avait compris. Alors, comment se fait-il que dans ces conditions, elles n'aient pas obtenu une augmentation de salaire plus importante, qu'elle n'aient réglé qu'une parcelle des problèmes au niveau de l'organisation du travail? De plus, être obligées de faire une grève et de perdre deux journées d'ancienneté par journée de grève... Les infirmières sont en maudit...

C'est la même chose pour les travailleuses sociales. Heureusement, on a réglé quelques problèmes qui leur étaient propres... Ça a jeté un peu de baume... Il y a une colère très grande, et qui tient beaucoup à la nature même du travail des femmes. Les gens qui travaillent dans les services de santé et dans les services sociaux sont les baromètres de la misère humaine dans une société. Et quand la misère humaine augmente à un tel point, elles sont les premières à le sentir elles-mêmes.

NPS – *Mais le mouvement syndical peut-il être, dans les années à venir, un outil de changement social au service des travailleuses de ces secteurs qui veulent se faire une place plus grande à l'intérieur de leur établissement?*

M. Simard – C'est un processus qui est déjà en marche. On travaille fort sur l'autonomie professionnelle en ce moment. On se rend compte que c'est terriblement important pour les travailleurs et travailleuses, peu importe leur statut, d'avoir un contrôle sur leur travail. C'est donc du concept d'autonomie, de contrôle dont il s'agit. Il aurait été impensable d'en faire une priorité il y a une dizaine d'années. À l'exécutif de la CSN, après amples discussions, nous avons décidé qu'il fallait quelqu'un pour marrainer les professionnels. Et c'est moi qui marraine, parce que j'ai été sensible à cette question peut-être plus rapidement que d'autres, pour avoir travaillé avec ces groupes. L'organisation syndicale doit investir ce domaine qui est tout aussi, sinon plus important, que les revendications syndicales plus traditionnelles de nature économique.

Nous sommes dans une période de mouvance au niveau des identifications professionnelles. On s'éloigne de plus en plus d'un concept industriel de la production et du non-contrôle sur son travail. On parle d'une redéfinition des rapports au travail, d'une organisation du travail moins verticale, plus collégiale, plus horizontale, donc plus participative, plus responsabilisante. Le corollaire du contrôle de son travail, c'est la responsabilisation de son travail, et par conséquent, cela ne peut pas ne pas avoir d'effet sur les rapports entre les syndiqués, les cadres et les patrons. C'est la suite logique de tout cela. Dans les affaires sociales, il n'y a pas eu ces dernières années assez d'audace du côté syndical pour aller jusqu'au fond de la problématique de l'organisation du travail. Cette dernière ronde de négociation chez les infirmières, par exemple, et je me sens très à l'aise de le dire, n'a été qu'une demi-remise en question.

NPS – *Concrètement, comment la CSN peut-elle être plus audacieuse?*

M. Simard – Il faut pousser davantage. Mais moi je suis assez confiante. C'est plus facile de le faire en dehors des périodes «chaudes» de négociation. Il faut amener les gens à bien identifier les problèmes généraux d'organisation du travail: l'identité professionnelle, la hiérarchie au travail, le contrôle, la flexibilité, le travail en équipe, etc. Aider les travailleurs et travailleuses à bien identifier la source de leurs frustrations, de leur amertume, de leur sentiment de vide. Il faut sortir des paramètres traditionnels sans que ce soit perçu comme une perte de droits acquis syndicaux.

Il faut avoir assez d'audace pour envisager des changements dans la division des tâches entre différents métiers. Revoir ce qui distingue les métiers les uns des autres. Au niveau des affaires sociales, ça peut vouloir dire aborder de façon radicalement différente la notion de poste, où les syndiqués s'assoient sur des critères comme l'ancienneté, par exemple. C'est donc toute la question de la flexibilité dans l'allocation de la main-d'œuvre qui doit être conçue de façon différente, mais dans un cadre qui permettrait plus de stabilité qu'on en a aujourd'hui. C'est difficile d'amener les gens à faire cela parce qu'il y a si peu de confiance dans les patrons qu'on envisage très difficilement de prendre l'initiative d'ouvrir un nouveau champ de négociation. Et avec les coupures dans l'ancienneté que le gouvernement vient de faire, il s'est lui-même tiré dans les pieds par ce type de mesures. Il faut être progressiste, il faut inventer de nouvelles formules pour répondre vraiment aux attentes des gens; mais d'un autre côté, on ne veut pas se casser la gueule.

NPS – *En contrepartie, qu'est-ce que la CSN pourrait demander à la partie patronale en échange de cette ouverture de la part des syndiqués?*

M. Simard – Plus de contrôle sur le travail et l'ajout de ressources. Et *surtout*, dans la santé et les services sociaux, être consultée. La consultation, c'est essentiel! Ici, au Québec, on n'a pas de culture institutionnelle pour encourager la direction à consulter. Il faut amener la partie patronale à reconnaître que les travailleurs, peu importe leur niveau, ont des connaissances, une opinion, qu'ils ont une bonne idée sur la façon d'aborder les problèmes, d'organiser leur département, etc.

NPS – *Mais n'y a-t-il pas aussi, dans l'ensemble de ce dossier, une responsabilité syndicale à partir du modèle d'action qui a primé dans le secteur public au cours des 10 ou 15 dernières années, celui de l'affrontement? Des pratiques, telles la participation du personnel clinique aux conseils consultatifs, aux conseils d'administration, des alliances avec la direction ou une partie de la direction, en un mot une gestion plus participative dans les établissements, tout cela était tabou...*

M.Simard – C'est de moins en moins tabou. Mais la perception des négociations qu'on a dans le secteur public, c'est celle selon laquelle tous les trois ou quatre ans revient un grand affrontement. Pourquoi est-ce ainsi? Parce qu'il existe une centralisation excessive du pouvoir au Québec – je dis souvent un peu à la blague que personne ne peut s'acheter une chaise au Québec sans l'approbation du Conseil du Trésor! – La marge de manœuvre des directeurs généraux d'établissement n'est pas très grande. Si l'on compare avec d'autres provinces canadiennes, c'est au Québec qu'existe la plus grande centralisation. Or les structures de négociation sont calquées sur la structure du pouvoir. Au nom d'objectifs initiaux nobles – des services adéquats dans toutes les régions du Québec –, cette centralisation dans le domaine de la santé et de l'éducation demeure toujours, vingt ans plus tard, alors que les réseaux régionaux existent. Au moment des négociations, une fois par trois ans, inévitablement, l'affrontement se produit parce qu'en haut, à Québec, le modèle de relations de travail, c'est un modèle industriel: c'est toujours minuit moins une: «Pourquoi j'en donnerais avant...» Ils négocient selon le modèle classique du rapport de forces.

NPS – *Le mouvement syndical est-il devenu corporatiste, par comparaison avec d'autres mouvements sociaux comme le mouvement des femmes?*

M. Simard – Le mouvement syndical n'est pas perçu comme défendant les plus démunis de la société. Alors qu'antérieurement, on l'était peut-être plus. Ça se comprend: les plus démunis de la société ne sont pas syndiqués. Ce sont les 850 000 personnes qui reçoivent des prestations de chômage ou d'aide sociale. Le mouvement syndical est perçu comme des grosses organisations qui gueulent, mais pas pour les plus mal pris. Parallèlement, le mouvement syndical n'est pas perçu par ses propres membres comme défendant ce qui est central pour eux: leur travail, la reconnaissance professionnelle, etc. La CSN est un peu prise entre deux feux.

Le salut du mouvement syndical passe d'abord par une recomposition du mouvement. On ne peut pas rester aussi nombreux que nous le sommes à l'heure actuelle. Il faut de plus effectuer un authentique travail de coalition avec les mouvements populaires. Plusieurs ici y croient beaucoup et investissent leur temps et leur énergie dans cette perspective. Mais dans la pratique syndicale de tous les jours, ce n'est pas si facile que cela. Il reste, qu'on le veuille ou pas, une forme de dévalorisation inconsciente des personnes qui n'ont pas d'emploi salarié dans notre société. Très inconsciemment, les gens ne veulent pas travailler avec les chômeurs et les assistés sociaux. Mais je trouve qu'il faut persévérer dans cette direction. Il faut faire comprendre à toutes les personnes qui travaillent qu'à chaque fois qu'il se rajoute une personne de plus sur l'aide sociale, c'est un problème de société immense! Donc, pour combattre cela, il faut se lier avec les personnes qui n'ont pas d'emploi.

NPS – *Au niveau politique plus général, la CSN explore-t-elle des nouveaux terrains, des nouvelles formes d'interventions?*

M. Simard – Le mouvement syndical se rend progressivement compte qu'il ne peut plus se contenter d'être un mouvement dénonçant un certain ordre établi. Il doit proposer des alternatives. Par exemple dans le débat sur le libre-échange, on s'est cantonné dans une critique – par ailleurs tout à fait correcte – de ce projet d'accord, sans poser d'alternative. C'est maintenant une question de crédibilité. Les gens disent: «Tu es toujours contre, mais que peux-tu proposer en retour?» Il faut qu'on se compromette beaucoup plus qu'avant dans des formules de proposition de la société. Des propositions concrètes. Vous serez peut-être surpris d'apprendre par exemple qu'à la CSN, on a un groupe de consultants pour démarrer des entreprises. Le mot concertation est admis maintenant. Mais il faut dire, et c'est très important, qu'au Québec, on n'a pas encore de structures pour que cette concertation puisse se réaliser.

NPS – *Pour boucler la boucle, et pour revenir à la femme qu'est Monique Simard, vous avez dit dans une entrevue accordée à un quotidien montréalais:* «*Les meilleurs dirigeants ont un équilibre personnel solide et une vie normale.*» *Comment cela est-il possible pour Monique Simard, vice-présidente de la CSN?*

M. Simard – Pour que ce soit possible, il faut que cela soit une priorité réelle, et que ce soit intégré à la vie de tous les jours. Je suis certaine que la vie de tous les jours est probablement plus difficile pour moi que pour bien d'autres, parce que je suis préoccupée de pouvoir tout faire dans ma journée, voir à ce que tout le monde soir content à la maison. Je suis toujours soucieuse de cela. J'apporte la maison à l'ouvrage, comme on dit! Mais en y portant attention à tout moment, je prends une foule de petites décisions. J'organise toute ma vie en fonction de cette préoccupation: pouvoir harmoniser travail et famille. C'est ainsi que j'y parviens. Par exemple, hier, la réunion devait se terminer à 5 h. Comme ce n'était pas terminé à 5 h 30, je me suis levée et j'ai dit: «Je vous quitte, je vais souper à la maison. Je vous reviendrai à 9 h». Évidemment, à partir du moment où tu l'imposes, les autres le prennent. Ce n'est cependant pas toujours possible. La semaine dernière, je suis partie pour Québec. Je devais y demeurer une journée; j'y ai passé la semaine! Mais toute la famille a compris. Il faut mettre tout le monde dans le coup. Il faut qu'on comprenne ce que tu fais.

Il ne faut surtout pas se laisser envahir par le travail. Le danger d'un milieu de travail comme celui-ci, c'est qu'il est très autosuffisant. Les gens peuvent ne vivre que de la CSN! Certains disent même: «Moi, je fais de la CSN! » C'est comme si c'était un mode de vie! Ici, il y a des bars, des restaurants, beaucoup de monde... Et à passer toute sa vie ici, les gens se démolissent complètement. Car ça reste un mouvement de lutte, d'affrontement, c'est un milieu terriblement dur. Certains ne passent pas à travers. J'ai vu beaucoup de catastrophes personnelles et familiales depuis que je travaille ici. D'ailleurs, j'ai observé que les personnes qui gardent leur équilibre et leur stabilité d'emploi ici sont des personnes qui ont une vie de couple très stable.

Moi, je tiens à élever mes enfants moi-même, je ne veux pas les laisser élever par quelqu'un d'autre! Ma réflexion féministe va d'ailleurs dans ce sens. Les femmes ont en général un projet de vie plus complet que les hommes. Le projet de vie des hommes, c'est leur travail. C'est un projet très segmenté, très hachuré, alors que les femmes ont un projet de vie plus complet: c'est une constante recherche d'harmonie dans toutes les composantes de notre vie. À mon avis, c'est comme ça qu'on y arrive! C'est très difficile à atteindre. Et c'est le véritable élément transformateur de la présence des femmes à la CSN. Ce sont elles qui questionnent l'organisation du travail; ce sont elles qui discutent des contradictions que les gens vivent.

Mouvements sociaux et renouvellement de la démocratie

Paul-R. BÉLANGER
Université du Québec à Montréal

et Jean-Pierre DESLAURIERS
Université du Québec à Chicoutimi

L'intérêt majeur de l'étude des mouvements sociaux provient sans aucun doute de la multiplicité des questionnements qu'ils suscitent. Questionnement théorique, bien sûr: si la notion de mouvement social doit accéder au statut de concept théorique, elle doit être définie dans des termes tels qu'ils permettent de discriminer les différents types de conduites collectives comme les groupes de pression, la déviance ou le communautarisme. Questionnement aussi sur la nature des sociétés contemporaines: les formes spécifiques de domination sociale, la base sociale et l'importance de ces nouveaux acteurs que sont les mouvements sociaux, leur rapport aux classes sociales et aux partis politiques, les enjeux qu'ils soulèvent, le défi qu'ils posent aux pratiques sociales institutionnalisées, leur efficace dans la transformation des sociétés, voilà autant d'interrogations qu'ils soulèvent. Cependant, si les questions sont nombreuses, les réponses n'ont pas encore la netteté désirée: en fait, le débat ouvert par le mouvement social nous oblige à réconcilier nos modèles d'interprétation et à réfléchir sur nos pratiques sociales.

Les excellentes contributions présentées dans ce dossier, y compris l'entretien sur le syndicalisme, nous invitent à identifier sommairement trois principales dimensions des mouvements sociaux. D'abord, les formes de domination apparaissent la dimension la plus criante, et elles renvoient à la nature du pouvoir, aux lieux où il s'exerce et à la base sociale des mobilisations. Cette première incursion dans le champ des mouvements sociaux nous amène ensuite à considérer l'univers du travail et à nous demander si les «nouveaux» mouvements sociaux chassent les «anciens», et le mouvement ouvrier en particulier. Enfin, nous esquisserons les enjeux proposés par les mouvements sociaux: ne sont-ils que des indicateurs des problèmes sociaux, des messages porteurs de nouvelles sensibilités, et leur efficace n'est-elle que symbolique?

FORMES DE DOMINATION ET MOUVEMENTS SOCIAUX

Les sociétés occidentales portent la marque d'un phénomène social déterminant dans leur histoire: les rapports d'exploitation capitaliste et la culture de classe qui déterminent les comportements et les attitudes dans tous les secteurs de la vie sociale. Toutefois, la situation est en train d'évoluer. D'une part, cette culture de classe s'est largement dissoute sous la pression de formidables mécanismes d'intégration culturelle que sont les systèmes d'éducation et d'information; d'autre part, la classe dominante se caractérise non plus par la seule accumulation mais aussi par le contrôle «planifié» de toutes les ressources de la société dont la connaissance et les modèles culturels. Maheu et Descent décrivent bien ce phénomène d'élargissement et d'approfondissement du contrôle social par les grands appareils économiques et politiques.

Si l'on accepte ces transformations structurelles, il en découle une multiplication de sujets sociaux définis par les divers rapports de domination ou encore par le domaine de l'existence individuelle ou collective soumis à ces rapports de domination. Deux phénomènes simultanés résultent de ces transformations: la consommation de masse de biens ménagers a imposé graduellement un mode de vie: loisirs, vie de banlieue, famille nucléaire; puis, les mouvements sociaux ont imposé l'accès universel à la consommation des services de santé et d'éducation. Dans tous les cas, la démocratisation s'est soldée par l'intégration dépendante caractérisée par le monopole des connaissances scientifiques et techniques, et du pouvoir de décision par les technocrates d'un côté, et la consommation individuelle de l'autre. C'est pourquoi, comme le rappellent Maheu et Descent, les grands appareils sont incapables de s'auto-contrôler ou d'auto-corriger leur trajectoire: lorsqu'un problème se pose, l'appareil ne peut réagir autrement qu'en développant de nouvelles technologies et en contrôlant davantage les décisions, ce qui accentue les rapports de domination. Un exemple simple suffira: devant la mortalité liée aux conditions socio-économiques, l'appareil hospitalier met au point de nouvelles technologies de réanimation plutôt que d'intervenir sur l'alimentation ou sur la fréquentation des services de santé.

Cette situation pose la question de la constitution même des acteurs sociaux. Comment se fait-il que les demandes d'accessibilité aux biens économiques et sociaux formulées sur le mode providentialiste (on s'occupe de vous, vous consommez) se transforment en demandes de contrôle sur les ressources et sur les décisions, en contestation des rapports de domination (Bélanger, 1988)? Cette question est centrale et plusieurs hypothèses peuvent être avancées.

Nicole Ollivier souligne à juste titre que l'individualisme croissant, produit par les transformations sociétales, recèle deux tendances: l'une conduit au narcissisme, individuel et collectif, et au repli sur soi au nom d'intérêts hyperspécialisés; l'autre, au contraire, favorise la formation d'identité nouvelle et développe la capacité d'autonomie. Si la seconde interprétation est retenue, ce processus d'individuation remet en question les rapports de domination fondés sur l'intégration passive et dépendante, de même que l'autorité des spécialistes sur les consommateurs.

Melucci prolonge cette interprétation en faisant remarquer que de plus en plus, les systèmes complexes ont besoin de l'autonomie accrue des individus pour fonctionner. En effet, les sociétés consacrent davantage de ressources à l'éducation, à la culture et à la formation afin que chacun puisse s'acquitter non seulement de sa tâche occupationnelle, mais aussi augmenter ses capacités de citoyen, de consommateur, d'utilisateur de biens sophistiqués telle que l'informatique. Il est devenu crucial d'intégrer tous les individus dans une citoyenneté active. Mais en même temps, ces systèmes modernes doivent maintenir une intégration forte et continuer de contrôler le comportement individuel. En d'autres termes, la marginalité ou l'exclusion de certaines catégories sociales représentent une menace, pour le fonctionnement des systèmes qui se priveraient ainsi de ressources humaines qu'ils devront autrement supporter. Par contre, une plus grande autonomie des individus constitue elle aussi une menace car elle est source de revendications de pouvoir. Ainsi se dessine la contradiction des sociétés modernes: l'autorité et la dépendance typique de l'État-providence doivent céder du terrain au pouvoir et à l'autonomie des personnes.

Melucci donne plusieurs exemples de cette exigence contradictoire. Ainsi, le mouvement des femmes s'est développé au moment où l'accès à l'éducation et au marché du travail avaient permis une présence dans des activités publiques d'où elles avaient été exclues. Certaines politiques sociales favorisent la promotion des femmes en même temps qu'elles maintiennent certaines formes de discrimination et de subordination. La lutte contre les inégalités et l'exclusion fondées sur le sexe a été amenée par les femmes qui à la fois avaient accédé à l'éducation supérieure, au marché du travail et à la participation politique et en même temps qu'elles subissaient les limites de cette participation en raison des prérogatives du pouvoir mâle.

Ainsi, les mouvements sociaux sont nourris par des groupes ayant acquis une relative autonomie, s'étant forgé une certaine individualité collective, possédant des ressources culturelles, économiques et sociales, mais à qui est refusée la pleine autonomie et participation. L'article de Jean-François René sur les jeunes est exemplaire à cet égard; la jeunesse est plurielle, conclut-il, car la fraction dont les ressources sont faibles tend à se retirer dans la marginalité ou la déviance, alors que celle plus scolarisée se rallie autour d'enjeux sociaux (écologie, féminisme, nation) et expérimente de nouvelles valeurs. Le système demande aux jeunes de s'instruire et d'acquérir le maximum d'autonomie en même temps qu'il leur refuse des emplois, la participation politique et la reconnaissance de leur culture.

SUR LE TRAVAIL ET LE MONDE OUVRIER

Ces analyses des mouvements sociaux nous amènent à remettre en question les interprétations devenues classiques et soutenant que le mouvement ouvrier comme ancien mouvement social est en voie de disparition. Touraine *et al.* (1984: 18-23) définissent le mouvement ouvrier comme l'action collective organisée par laquelle les ouvriers ou une partie d'entre eux mettent en cause la gestion sociale des ressources économiques et culturelles, la domination qu'exercent les détenteurs de capital sur l'ensemble de la vie sociale et culturelle. Le mouvement ouvrier serait en déclin, d'une part parce qu'il restreint l'action syndicale à la négociation collective et à l'élaboration de stratégies visant à influencer la politique économique, et d'autre part parce qu'il cède le pas aux nouveaux mouvements sociaux.

Plusieurs observateurs ont insisté sur ce déclin du mouvement ouvrier, et l'essentiel de leur argumentation peut se résumer ainsi. Depuis l'après-guerre, l'action ouvrière s'est institutionnalisée: le syndicat reconnaît les droits de gérance du patronat sur les décisions concernant les investissements et l'organisation du travail en échange d'une reconnaissance de son rôle dans la revendication salariale. Sous le couvert de ce compromis s'est généralisé le taylorisme et ensuite le fordisme; en effet, l'autorité patronale sur l'organisation du travail n'est plus limitée que par la seule définition négociée des postes précis de travail et des règles de l'ancienneté régissant leur attribution. Cette division du travail a concentré les décisions économiques et techniques dans la tête des ingénieurs et des managers, et l'exécution dans les mains et gestes des exécutants déqualifiés. En somme, le rapport social de travail était accepté en échange d'une progression continue du niveau de vie. Cette période fut dominée aussi par l'idéologie du progrès, de la croissance et du développement économique, et il est normal alors qu'on ait parlé de société de consommation, de mode de vie et d'aspirations centrées sur la vie privée, de faible participation politique, etc.

Ce compromis institutionnalisé a été remis en question au début des années 70 pour deux raisons principales: la division du travail poussée à l'extrême risquait de devenir de plus en plus contre-productive parce que la mécanisation était de plus en plus coûteuse, les contrôles de plus en plus onéreux, alors que le savoir-faire des exécutants était inutilisé; ensuite, les luttes ouvrières et populaires indiquaient le refus du salaire comme équivalent général, le refus d'être considéré comme force de travail échangée au meilleur prix, et la montée des aspirations à plus d'autonomie, d'initiative et de responsabilités.

Ce qu'il faut retenir ici, c'est que le travail et le non-travail sont soumis à des formes équivalentes de domination: dans les deux cas, les appareils technocratiques imposent leur rationalité et modèlent les individus. Si notre raisonnement est correct et nos observations exactes, les mêmes transformations structurelles alimenteraient le mouvement ouvrier et les nouveaux mouvements sociaux, et l'on retrouverait dans les deux secteurs la même demande d'autonomie. Dans le monde du travail, cette aspiration se traduirait par la montée des revendications portant sur l'organisation du travail et la reconnaissance professionnelle. Dans l'entrevue accordée à la revue, Monique Simard a insisté avec force sur la transformation des revendications syndicales. Les exemples qu'elle a donnés portent davantage sur la situation particulière des travailleuses sociales et des infirmières, où, il est vrai, le professionnalisme est mis à l'épreuve. Elle reconnaît par ailleurs que la négociation et le modèle de convention collective inscrits dans le compromis fordiste expliquent en partie l'incapacité des centrales syndicales à défendre les aspirations des travailleurs et travailleuses à l'autonomie; ainsi pourrait s'expliquer la formation d'un syndicat d'infirmières indépendant. Autre exemple: dans son article, Daniel Turcotte envisage le changement dans l'organisation des services sociaux comme pouvant provenir de la pression des organismes alternatifs, mais sans faire appel à son organisation syndicale. Les réflexions de Mme Simard indiquent clairement que le modèle institutionnalisé depuis les années 40 doit être renouvelé.

Il n'est pas exagéré de penser que les préoccupations de Monique Simard s'étendent à l'ensemble des situations de travail ou des catégories de travailleurs et travailleuses, comme l'a révélé par la suite le congrès de la CSN. Par contre, est-ce que le syndicalisme de proposition auquel elle fait allusion remettra en cause le mode de gestion sociale du travail, de la production et de la société? Il n'est pas suffisant d'observer que certaines conditions sont favorables à une remontée du mouvement ouvrier ni de constater certaines convergences objectives. Le renforcement de l'individualité peut être détourné vers l'individualisme à la suite de certaines initiatives patronales; les revendications professionnelles peuvent conduire au néo-corporatisme. De plus, si l'on suit le raisonnement de Melucci, à savoir que les groupes sociaux les plus susceptibles de se mobiliser sont ceux qui subissent à la fois des pressions à l'autonomie et en même temps des contraintes à la subordination et à la soumission, il faudra analyser de près les catégories de travailleurs les plus exposés à cette contradiction.

Offe (1985) ne porte pas un jugement aussi définitif que Touraine (1984) sur le déclin du mouvement ouvrier. Son renouveau tient cependant à plusieurs conditions qui, selon lui, permettraient une alliance des nouveaux mouvements sociaux et du mouvement ouvrier. Il insiste en particulier sur l'ouverture des organisations ouvrières traditionnelles aux nouvelles classes moyennes, aux jeunes, aux femmes, et aussi aux sans-emploi, c'est-à-dire les catégories sociales rejointes par les nouveaux mouvements sociaux, et sur une commune remise en question de la philosophie productiviste traditionnelle de la croissance économique, non pas refus de croissance et de progrès mais élaboration de nouveaux critères. Cette position est proche de celle de Lipietz (1989) qui soutient que la solution au compromis fordiste devra réunir tous les mouvements sociaux et s'articuler autour de trois thèmes: l'autonomie des individus et des groupes, la solidarité entre groupes et individus, et l'écologie comme principe des rapports entre la société, le produit de son activité et son environnement. De ce point de vue, l'article de Daniel Turcotte est intéressant en ce qu'il plaide pour une liaison plus étroite entre les travailleurs du secteur étatique et ceux du secteur communautaire. Ces dernières remarques nous conduisent à examiner les enjeux véhiculés par les mouvements sociaux.

LES ENJEUX DU CHANGEMENT

Les mouvements sociaux ne sont pas des partis politiques, ils ne visent pas la conquête du pouvoir de l'État, comme le rappellent Maheu et Descent. On pourrait même préciser qu'ils existent justement parce que les partis sont incapables de traduire les demandes exprimées par les mouvements sociaux; par contre, les mouvements sociaux disparaissent s'ils sont inféodés à un parti au pouvoir (l'exemple courant est celui du mouvement ouvrier en URSS mais pensons aussi au mouvement national pendant la période du Parti québécois au pouvoir).

Car les mouvements sociaux, comme l'affirme Melucci, portent une pluralité de significations et d'objectifs: luttes contre les inégalités économiques liées à la discrimination sexuelle ou nationale, luttes pour la participation ou l'égalité politique et sociale des exclus, contestation du mode de gestion des ressources de la société, contestation du pouvoir et des fins qui se cachent derrière les procédures techniques et la rationalité instrumentale. Les effets politiques les plus évidents sont l'apparition de nouvelles élites formées dans les mouvements sociaux, des décisions politiques qui reconnaissent la légitimité de certaines de leurs revendications, et la mise sur pied d'agences pour traiter les problèmes soulevés par les mouvements sociaux. Cette influence politique est toujours limitée mais néanmoins considérable si l'on songe par exemple à la question nationale, à l'environnement ou au mouvement des femmes. De plus, les partis politiques entendent le message des mouvements sociaux.

Mais les mouvements sociaux ne s'épuisent pas dans leurs effets politiques. Au contraire, leur action collective constitue une lutte permanente de désinstitutionnalisation, une remise en cause des compromis au nom de nouvelles valeurs et de contre-pouvoir qui exige des ressources économiques et culturelles de la société. Les nouvelles orientations des divers mouvements sociaux contestent le modèle hégémonique fondé sur le progrès scientifique, les règles universalistes, la rationalité technique, le progrès social associé à la consommation. Elles y opposent l'autonomie, la différence, l'identité, la satisfaction personnelle, la communication, la participation.

Peut-être faudrait-il conclure plutôt que les mouvements sociaux n'offrent pas de contre-modèle global et unifié. Ils représentent un des pôles d'une tension entre éléments contradictoires, entre exigences nécessaires: il est impossible de choisir entre le progrès technique et la satisfaction des besoins personnels, entre l'intégration et l'autonomie. Les luttes des mouvements sociaux nous indiquent cependant l'existence des problèmes sociaux, la nécessité de nouvelles formes d'organisation sociale, de nouvelles règles du jeu plus démocratiques.

Ils révèlent le caractère irrationnel du modèle dominant et ses multiples effets pervers: destruction de la planète, incapacité d'atteindre ses objectifs en matière d'éducation et de santé, production d'exclusion sociale et économique. En même temps, ils inventent de nouvelles formes d'organisation sociale dans les multiples organisations communautaires qui offrent des services alternatifs. Les mouvements sociaux constituent un autre mode de représentation: ils interviennent directement sur la formation de l'opinion publique à partir des espaces autonomes (organismes communautaires, centres de recherches, etc.). Non seulement ne revendiquent-ils plus que l'État prenne en charge de nouveaux secteurs, mais ils le font eux-mêmes: ils mettent sur pied de nouveaux services, plus efficaces que les services étatiques et à meilleur coût. Dans cette stratégie offensive, l'expérimentation est l'élément clé d'une stratégie de changement social.

> Définir et pratiquer des alternatives concrètes aux modèles institutionnels traditionnels, tenter des expériences porteuses de nouveaux rapports sociaux devient la forme essentielle de militantisme pour tous ceux et celles qui n'entendent plus se limiter au combat politique traditionnel, soit qu'ils le jugent insuffisant, soit même qu'ils y soient devenus totalement indifférents (Viveret et Rosanvallon, 1977:113-114).

Le poids des mouvements sociaux n'est pas aussi grand que les plus optimistes aimeraient qu'ils soient mais il est quand même important: on l'a vu dans les audiences de la Commission d'enquête sur la santé et les services sociaux. On se rend compte aussi, peut-être confusément, que le pouvoir local a de l'importance et peut ébranler le pouvoir central: de fait, les différents efforts de décentralisation étatique visent à arrimer le central et le local. Par contre, la complémentarité évoquée entre les secteurs étatique et communautaire cache une dure réalité: pour mettre sur pied les services que les politiciens louent en chœur, il faut aux mouvements sociaux une énergie farouche et un combat de tous les instants. Les nouveaux services démarrent malgré l'État, et non grâce à lui, et leur financement est toujours précaire malgré leurs efforts d'autonomisation.

Ces organisations sont des laboratoires d'expérimentation sociale qui veulent faire la preuve qu'il est possible de faire autrement, d'allier productivité et participation, efficacité et différence, modernité et identité. Les mouvements sociaux nous lancent le défi d'agir autrement et de sortir du dilemme étatisation et privatisation. Ils démontrent une capacité à élargir les espaces de liberté, et ils contribuent ainsi au renouvellement de la démocratie.

Bibliographie

BÉLANGER, Paul-R. (1988). «Les nouveaux mouvements sociaux à l'aube des années 90», *Nouvelles pratiques sociales*, vol. 1, n° 1.

LIPIETZ, A. (1989). *Base pour une alternative démocratique*, Paris, SUPREMAP, n° 8910.

OFFE, C. (1985). «New Social Movements: Challenging the Boundaries of Institutional Politics», *Social Research*, vol. 54, n° 4.

ROSANVALLON, Pierre et Patrick VIVERET (1977). *Pour une culture politique*, Paris, Seuil.

TOURAINE, A., M. WIERVORKA et F. DUBET (1984). *Le mouvement ouvrier*, Paris, Fayard.

❖   # Les adversaires
du vide

Alberto MELUCCI
Université de Milan

Dans cet article, l'auteur présente trois nouveaux mouvements sociaux qui ont vu le jour dans les sociétés complexes. Ces
mouvements répondent à des besoins d'identification, de reconnaissance et d'appartenance, en même temps qu'ils s'attaquent
à la redéfinition de la culture et des codes symboliques. L'auteur
identifie d'abord le mouvement ethno-national, soit le mouvement
de collectivités qui veulent jouer un rôle politique qui leur a été
enlevé au cours de la formation des États-nations. Ensuite, il
présente le mouvement des femmes qui réclame le droit à la
différence. Enfin, il prétend que le mouvement écologique dépasse
de loin la lutte contre la pollution.

Dans son récent livre Nomads of the Present *(Londres, Hutchinson Radius, 1989), Alberto Melucci discute longuement les diverses thèses sur l'action collective et présente sa problématique des mouvements sociaux, en insistant sur les processus de formation des identités individuelles et collectives. Il soutient que les sociétés contemporaines se caractérisent par la contradiction entre, d'une part, l'extension du potentiel d'autonomie des individus et la croissance de la capacicé sociale d'action réflexive, et d'autre part, l'extension parallèle des mécanismes de contrôle et de régulation et des pressions à la conformité. Ainsi, les conflits se développent dans les sphères du social où cette contradiction est le plus active, et les groupes sociaux qui se mobilisent sont ceux qui subissent le plus directement ces exigences contradictoires du système.*

Ces groupes deviennent des indicateurs des problèmes structurels des sociétés complexes; leur action collective publicise en quelque sorte les conflits en cours, même si cette mobilisation est limitée en un lieu et un moment particuliers. C'est ce qui distingue cette action des formes traditionnelles d'action collective. Les acteurs sociaux d'aujourd'hui ressemblent à des «nomades du présents», ce sens qu'ils indiquent le lieu du conflit du moment présent tout en révélant la logique structurelle du système et les forces du pouvoir.

Alberto Melucci applique son cadre théorique à plusieurs mouvements sociaux ainsi qu'à des expériences de la vie quotidienne: la communication, la reproduction, la médecine... D'ailleurs, son livre porte un sous-titre: Social Movements and the Individual Need in Contemporary Society.

Nous remercions Alberto Melucci de nous avoir aimablement permis de reproduire ici les pages où il interprète les mouvements nationaux, le mouvement des femme ainsi que la mobilisation écologique.

La traduction de l'anglais au français est de Denyse Therrien et la révision de Jean-Pierre Deslauriers. *N.D.L.R.*

L'APPEL DES ORIGINES

La position qu'occupaient les divers groupes sociaux dans les rapports de production à l'ère du capitalisme industriel était intimement liée à leur culture de groupe que l'on nommait sans ambages «culture de classe». Cette situation créait un paradoxe puisque les classes subordonnées jouissaient d'une certaine autonomie en ce qu'elles pouvaient développer des formes et des pratiques de communication qui différaient qualitativement de celles de la culture dominante.

En noyant ces cultures dans le grand appareil de la culture de masse, la modernisation de sociétés complexes les a influencées de manière significative. La multiplicité des contacts et la profusion des messages détruisent l'homogénéité des cultures individuelles: les médias véhiculent des modèles standardisés; la migration et le tourisme à grande échelle concourent à l'extinction de pratiques culturelles liées à des événements sociaux et régionaux spécifiques. La différenciation croissante des rôles brise l'homogénéité des différents groupes sociaux et propulse leurs membres dans des réseaux de relations atomisés et fonctionnels. Les fonctions sociales fondamentales sont ainsi prises en charge par des organisations bureaucratiques qui interviennent dans la définition et la réglementation du comportement social.

Mais ces relations très différenciées, typiques des sociétés complexes, ne peuvent offrir de lieux d'appartenance et d'identification qui pourraient répondre aux besoins des individus de réalisation de soi, de communication significative et de reconnaissance. La nature bureaucratique et impersonnelle des organisations complexes ne peut fournir les moyens nécessaires pour atteindre ces objectifs. En revanche, la sauvegarde ou la résurgence de liens traditionnels permet d'ouvrir de nouvelles voies d'identité et de solidarité.

L'identité ethnique représente l'une de ces voies. Le regain de l'ethnicité ne signifie pas nécessairement la remontée de la discrimination; au contraire, il représente une réponse à un besoin d'identité collective qui transcenderait le statut plus vaste du groupe et tendrait à s'amplifier, précisément là où un groupe ethnique particulier se trouve déjà solidement implanté. Parsons (1975) a proposé l'expression «dédifférenciation» pour exprimer ce besoin d'identité collective chez des groupes particuliers. Selon lui, le nombre de rôles sociaux que l'on demande à l'individu d'endosser ne cesse de croître, mais aucun ne lui offre un sentiment d'identité stable et satisfaisant. Des mécanismes de dédifférenciation apparaissent alors et procurent une identité aux personnes en recourant à des formes primaires d'appartenance. C'est ainsi que l'ethnicité renaît comme source d'identité, car elle peut répondre à un besoin collectif d'une grande importance dans les sociétés complexes.

Les théories de «dissociation ethnique» (par exemple Lijphart, 1977) tendent à ignorer ce changement fondamental, car elles voient dans cette réactivation de l'ethnicité le retour d'un type de solidarité qui se serait «dissociée» de la solidarité de classe au moment de l'industrialisation. Si le conflit ethno-national plonge ses racines dans le passé et témoigne de la persistance de certaines questions historiques et d'anciennes formes de solidarité, il introduit également dans cet héritage des éléments de rupture associés à la transformation des sociétés complexes. D'une part, sans de telles racines, la lutte ethno-nationale perdrait ses assises sociales pour se dissiper dans des demandes symboliques. D'autre part, sans les nouveaux thèmes générés par l'émergence de nouveaux besoins collectifs, elle ne représenterait rien de plus qu'une forme de résistance archaïque, utopique et en voie de disparition (Melucci et Diani, 1982).

La question ethno-nationale doit donc être perçue comme polysémique et l'on ne saurait ramener cette pluralité de sens à une seule signification. Elle englobe l'identité ethnique, une arme capable de venger des siècles de discrimination et de combattre les nouvelles formes d'exploitation; elle représente un moyen de pression pour agir dans le domaine politique; enfin, elle répond aux besoins d'identité personnelle et collective dans les sociétés extrêmement complexes.

Toutefois, l'analyse des diverses situations historiques des États-nations soulève deux très vieux problèmes, soit les relations intergroupes dans les sociétés ségrégationnistes, et le pluralisme et les relations internationales dans les États multi-ethniques. L'État et le système international en sont les protagonistes. Ainsi passons-nous de l'analyse structurelle et synchronique de l'action collective ethno-nationale à la reconstruction diachronique et conjoncturelle de ses buts, de son développement et de ses résultats. Les mouvements ethno-nationaux comptent aussi parmi les acteurs historiques: de ce point de vue, leurs principaux champs d'action sont les États et les relations qu'ils entretiennent entre eux. Ainsi, alors que ces mouvements mettent à nu les problèmes liés à la structure des sociétés complexes, ils s'inscrivent à la fois dans le passé et dans le fonctionnement actuel des États-nations et des relations internationales.

Pour bien comprendre le sens de l'action du mouvement ethno-national, il faut éviter de fusionner l'analyse des aspects historiques et structurels. Il faut relier l'émergence de ces mouvements à la transformation des sociétés complexes; sinon, ils apparaîtront comme de simples sous-produits du processus de construction des nations ou comme des accidents de parcours dans l'histoire des relations internationales. En revanche, en ignorant leur origine dans les «questions nationales» et dans leur conflit avec l'État, on risque de les réduire en de simples revendications culturelles pour la diversité.

De nombreux mouvements ethno-nationaux sont à l'œuvre dans les communautés culturelles afin de sauvegarder leur culture et d'en assurer la vitalité. Cette action peut être régressive et très conservatrice ou elle peut renforcer les traditions historiques au sein de sociétés en changement. La référence aux traditions culturelles est très utile pour créer de nouveaux systèmes symboliques. Les mouvements utilisent des codes et des langages du passé pour exprimer des demandes et des conflits propres aux sociétés complexes; en particulier, le besoin d'autonomie et l'autodétermination d'une identité trouve un terrain fertile dans les cultures ethniques. La lutte ethno-nationale s'attaque également à la distribution des ressources et à la promotion sociale, révélant ainsi des inégalités anciennes ou récentes, certaines cristallisées par des siècles de conflits, d'autres résultant du processus de modernisation et des changements qui s'y rattachent.

Au plan politique, les mouvements ethno-nationaux attirent l'attention sur deux problèmes qui se trouvent au cœur des sociétés complexes. D'abord, ils soulèvent la question du besoin de nouveaux droits pour les membres de la communauté, plus spécialement le droit à la différence. Ensuite, ils revendiquent le droit d'être autonomes et de contrôler un espace de vie propre (qui dans ce cas-ci renvoie également à un territoire géographique). En termes d'action politique, cela revient à se battre pour obtenir de nouveaux moyens de représentation afin que des intérêts antérieurement exclus aient accès au système politique, ainsi que pour réformer les processus de prise de décision et les règles du jeu politique. Il ne s'agit donc plus seulement de combattre l'héritage historique de l'État-nation, mais encore les appareils que l'État a radicalement transformés. Il ne faut surtout pas négliger que le besoin de réduire la complexité de systèmes très différenciés et de prévoir le changement nourrit de nouvelles politiques de rationalisation dont résulte habituellement la standardisation de la vie quotidienne. Dans certains cas, les mouvements ethno-nationaux réussissent à remettre en question la logique globale de ce développement et à se réapproprier une certaine forme de contrôle qui tienne compte des besoins des individus et des groupes concernés.

Le développement rapide a accentué la différenciation et multiplié les communications, de sorte que même les régions périphériques n'ont pu se soustraire aux exigences des modèles du «centre». Les pressions sociales s'en trouvent affaiblies et les structures traditionnelles ne peuvent plus assurer la cohésion des groupes qui sont conséquemment menacés de désintégration. Alors que les systèmes d'échange supranationaux élargissent les marchés économique et politique, apparaissent clairement la dépendance et la menace de désintégration des régions marginales en même temps que leur potentiel d'autonomie.

Les mouvements ethno-nationaux apportent une solution à ce problème. Ils se rallient à une certaine forme de nationalisme historique tout en s'en démarquant. Résultat de l'édification de la nation, ils représentent l'un des cas les plus probants de la persistance du processus d'exclusion. Sur ce point précis, les mouvements ethno-nationaux exercent une influence importante. Cependant, ils ne sont pas que le produit d'un système de relations internationales encore incapable de combler le gouffre entre les processus culturels et les processus politiques. Alors que d'autres critères d'appartenance – la classe, par exemple – s'affaiblissent ou régressent, la solidarité ethnique comble un besoin d'identité de nature éminemment symbolique. Au-delà de la condition particulière d'un groupe social, elle enracine ses demandes dans une langue, une culture et une histoire. Bien que les mouvements ethno-nationaux soient le fait d'une minorité qui lutte contre la discrimination et pour l'acquisition de droits politiques, leur aspect innovateur est avant tout de nature culturelle. Le caractère ethnique lance un défi aux sociétés complexes sur des questions aussi fondamentales que les objectifs du changement et la production d'identité et de sens. Les conflits qui touchent le «centre» des systèmes complexes se transportent en «périphérie» où ils se traduisent à travers les relations sociales et les symboles fournis par la «nation ethnique». Ainsi la différence trouve-t-elle une voix pour exprimer des problèmes qui traversent la société tout entière.

LA POSSIBLE DIFFÉRENCE

Dans les années 70, les femmes envahirent massivement la place publique à partir d'une condition qui les avait confinées à une identité domestique plutôt étroite. Elles introduisirent dans le projet politique des idées et des actions allant à l'encontre de la logique bien établie des intérêts et du calcul habituel des fins et des moyens. Cette entrée spectaculaire des femmes sur la scène politique signifia beaucoup plus que leur participation à part entière: elle représenta un vrai défi pour le système politique.

L'émergence de l'action collective des femmes résulte de l'instauration de politiques sociales qui leur ont fourni les ressources institutionnelles et la motivation nécessaire à leur participation active. La mobilisation des femmes sur la place publique influença les politiques sociales et fut en retour influencée par celles-ci. Cette interaction entraîna la redéfinition institutionnelle des enjeux et des objectifs de ces mouvements. Alors que l'on pourrait y voir une dispersion de la force conflictuelle du mouvement féministe, il faut reconnaître qu'en réalité cela lui assura une plus grande présence culturelle dans la société tout entière.

L'itinéraire bien connu du mouvement féministe, partagé entre une certaine tendance radicale séparatiste et celle d'une conscience de soi, suscita des formes de solidarité particulières. Par exemple, la conscience de la différence, d'abord fondée sur une prise de position contre une société mâle, s'est élargie pour reconnaître la femme plurielle. La tentative commune à d'autres types d'actions collectives de créer un mythe d'origine unificateur et spécifique – l'idée d'une essence féminine – attira l'attention des femmes sur leur histoire et sur leur condition spécifique, mais ce courant s'étendit très vite aux modèles culturels qui règlent les échanges sociaux, y compris les questions de la division des rôles et de l'identité générique.

Les politiques sociales surgirent de ce processus pour produire ou accélérer une «révolution désintégrante[1]». Grâce aux nouvelles politiques en matière d'éducation, de main-d'œuvre et de services sociaux, les femmes occupèrent une place plus grande dans les sphères publiques d'où elles avaient précédemment été exclues. De nouvelles ressources en rassemblement, en communication et en gestion leur furent ainsi accessibles, ce qui n'empêcha pas par ailleurs les politiques sociales de perpétuer une certaine forme de discrimination envers les femmes. Dans les écoles, sur le marché du travail et dans les services publics, les politiques sociales s'exercèrent ironiquement à promouvoir l'intégration des femmes dans la vie publique et en même temps à maintenir leur subordination. Cette situation favorisa l'émergence des conditions nécessaires à la formation et à la reconnaissance d'une action collective des femmes ainsi qu'à une mobilisation conflictuelle. La présence d'agentes politiques déjà rompues à la mobilisation grâce à leur expérience antérieure acquise dans les organisations de la New Left, grâce aussi aux anciennes militantes actives au sein des mouvements étudiants, pacifistes et pour la défense des droits, cette conjonction accéléra le processus de politisation des femmes. Elles y réussirent en apportant des ressources en organisation et en communication, et en approfondissant la crise du système à travers leurs propres actions, ouvrant ainsi le champ politique à des sujets qui s'en trouvaient traditionnellement exclus.

Supportée par la politique sociale, la vague de mobilisation féministe démontra à la fois des forces d'intégration et de destruction. D'une part, grâce aux avantages que leur accordait le système politique – représentation, mise en place d'agences spécifiques, reconnaissance de problèmes propres

---

1. L'expression est utilisée par Y. ERGAS (1986) dans son analyse de la relation mouvements et politiques sociales.

au mouvement tels que l'avortement, le divorce, les soins de santé et les politiques familiales – l'influence politique des femmes grandit. D'autre part, c'est précisément parce qu'elles obtinrent satisfaction de leurs revendications dans plusieurs secteurs que les femmes virent leurs demandes conflictuelles diluées et reléguées au second plan. La multiplication des voies d'accès, mais aussi des barrières institutionnelles, la formation de nouvelles élites par l'action et la création d'organisations prenant en charge les enjeux et les pratiques du mouvement, ces différents facteurs contribuèrent à institutionnaliser l'action. Cependant, la représentation croissante des femmes dans l'arène politique s'accompagna aussi d'une multiplication d'initiatives populaires de leur part. En effet, cette institutionnalisation n'ébranla pas vraiment le mouvement féministe comme tel; elle affecta cependant les enjeux et les exigences des femmes en matière d'égalité et de citoyenneté. Au-delà des pressions en faveur de l'émancipation, la notion de différence, exclue de ce processus, passa du domaine public au domaine privé, de la vie politique à la vie quotidienne où elle alimenta une production culturelle. Le cycle des luttes dans les années 70 imposa une distinction entre féminisme et mouvement des femmes. Le féminisme désigne dès lors cette génération de femmes qui, plus tôt au début de la décennie, investirent la scène publique et plus tard se taillèrent une place au sein de nombreuses institutions féministes (notamment dans les centres de recherche sur la condition féminine, les campagnes pour la représentation politique et les comités pour l'égalité des droits) qui naquirent de cette lutte et qui se répandirent subséquemment dans toute la société.

Comme le démontrent des études empiriques récentes, le mouvement des femmes présente un autre aspect beaucoup plus articulé mais ignoré, où la dimension culturelle prédomine sur la confrontation directe avec les institutions politiques [2]. En terme de mobilisation, les analyses actuelles mettent d'abord l'accent sur la dimension politique mais négligent inévitablement la richesse de cette production culturelle cachée. C'est pourtant dans ces réseaux souterrains que la différence des femmes sert comme base à l'élaboration de codes symboliques alternatifs et en opposition aux codes culturels et politiques dominants.

C'est important de souligner le rôle ambigu des politiques sociales ainsi que la persistance de l'action collective des femmes dans leur quotidien, et ce, malgré l'effondrement de la mobilisation des femmes sur la place publique. La fin de la mobilisation déclencha au moins trois processus différents. Premièrement, les questions féministes prirent place sur le champ politique et dans l'opinion publique en général. Deuxièmement, des

---

2. Voir tout particulièrement Bianchi et Mormino (1984) ainsi que Calabro et Grasso (1985).

institutions féministes se développèrent et se formèrent de nouvelles élites qui réaffirmèrent sur la place publique l'importance des enjeux féministes. Enfin, une «culture de femmes» vit le jour qui fut absorbée et imprégnée par la vie quotidienne; cette culture soutint et nourrit la mobilisation des femmes. La lutte s'est cependant éloignée de la sphère politique comme telle; le mouvement féministe y intervient à l'occasion pour débattre d'enjeux particuliers tout en travaillant plutôt en priorité au niveau des codes symboliques. De ce point de vue, le mouvement des femmes présente des définitions différentes de l'altérité et de la communication, et transmet au reste de la société le message d'une possible différence.

VIVRE AVEC SA PLANÈTE

À l'époque des sociétés complexes, les questions écologiques sont constamment au centre de l'attention des médias, des conversations quotidiennes et des milieux politiques locaux, nationaux ou internationaux.

Pourquoi accorde-t-on une telle importance aux enjeux écologiques? La réponse ne réside pas uniquement dans l'augmentation de la pollution ni dans la dégradation toujours plus grande de l'environnement. La vraie raison, c'est que nous commençons à percevoir la réalité différemment: notre définition des besoins individuels et collectifs est en train de changer. Le problème écologique reflète et exprime un changement profond dans nos modèles culturels et dans nos relations sociales. Ignorer ce changement qualitatif, c'est non seulement fausser les questions et les réponses relatives au problème écologique, c'est aussi les rejeter. Aborder ces problèmes comme si la société dans laquelle nous vivons et la culture qui alimente nos relations sociales demeuraient inchangées; comme si nous vivions toujours l'âge d'or de l'industrialisation tout en étant témoins du viol de la nature; comme si le ressort principal de notre action provenait toujours du besoin de possession qui a formé la base de l'organisation sociale et du mode de production industriels; prétendre tout cela reviendrait à fermer les yeux sur ce qui se passe autour de nous. L'inquiétude entourant la question écologique est le symptôme de changements qui vont bien au-delà des simples problèmes de l'environnement.

En premier lieu, les discussions autour de l'écologie révèlent un problème systémique. Elles soulignent l'interdépendance universelle des sociétés complexes. Il semble désormais impossible de traiter des problèmes particuliers sans tenir compte des réseaux qui les relient entre eux. L'interdépendance planétaire du monde contemporain déplace les frontières de la connaissance et de l'action. La causalité linéaire tire à sa fin, les explications unicausales et les «déterminations de dernière instance» ont fait leur temps. Nous vivons dans des systèmes où la circularité des causes exige que l'on renouvelle nos modèles cognitifs et nos aspirations.

En second lieu, le débat écologique met en lumière la dimension culturelle de l'expérience humaine. Nous émergeons d'un modèle de société où l'on croyait que l'économie réglerait tous les aspects de la vie sociale. Nous vivons présentement une période de transition où la politique, les décisions et les échanges semblent devenir fondamentaux. Toutefois, le problème écologique démontre que la base de la survie ne dépend plus du système des moyens (rationalité des objectifs et calculs de stratégie politique), mais plutôt des fins; ici, on entend par fins les modèles culturels qui guident l'action et structurent la vie quotidienne ainsi que les modes de production, d'échange et de consommation. La culture peut donner du sens aux choses et aux relations, elle peut «créer» un environnement humain, et elle apparaît comme l'horizon ultime, indépassable, sur le fond duquel peuvent se mesurer les exigences du destin de l'humanité. Il est dorénavant impossible d'imaginer l'avenir sans tenir compte de l'intervention «culturelle» sans précédent – sur les relations sociales, les systèmes symboliques et la circulation de l'information – des nouvelles technologies (telles que l'électronique, la biotechnologie, les technologies de communication et l'intelligence artificielle) sur l'environnement «matériel». Les craintes qui semblent animer les personnes chargées de prendre des décisions dans les systèmes complexes d'aujourd'hui s'expriment en termes techniques (manque de ressources, coûts élevés des politiques environnementales, etc.), ce qui traduit le risque que nous fait courir une vision étroite et à courte vue. Aujourd'hui, pour changer les choses, il faut travailler sur les codes symboliques; l'«effet matériel» repose sur les modèles culturels qui structurent jour après jour les relations sociales, les systèmes politiques et les modes de production et de consommation.

La question écologique comprend un troisième volet: les problèmes écologiques n'affectent pas seulement les individus en tant que membres d'un groupe, d'une classe ou d'une nation; ils touchent également les *individus comme tels*. Seul un nouvel équilibre entre les individus et la nature peut assurer la survie de l'espèce, et c'est le problème qui touche aujourd'hui la vie de tous et chacun. Ainsi ne peut-on pas isoler le changement social de l'action individuelle; s'engager personnellement et directement constitue dorénavant une condition et une ressource nécessaire à toute intervention de nature systémique.

Enfin, la question écologique démontre que le conflit représente une dimension «physiologique» des systèmes complexes. La différenciation des intérêts et des positions sociales, l'incertitude de l'action humaine sur son environnement et sur la société elle-même débouchent inévitablement sur toute une série de conflits. La culture industrielle concevait les conflits comme le résultat inévitable de l'exploitation ou encore comme une pathologie liée à des dysfonctions de l'ordre social. Admettre que l'on ne peut pas échapper aux conflits et qu'on ne peut que les endiguer signifie que l'on doit redéfinir les critères de la coexistence. Seul un effort qui rendra transparentes et négociables les différences, les possibilités et les contraintes de la vie commune permettra de fonder une nouvelle solidarité, tant au plan des micro-relations qu'à celui des macro-systèmes.

Regardons maintenant de plus près la mobilisation écologique et les mouvements qui s'y rattachent. Le succès récent électoral des Partis verts est fonction du système électoral dans les divers pays. (Et ici, ceux qui étudient le scrutin pourraient nous fournir des explications.) Mais il est indéniable que ces succès électoraux ne peuvent être vraiment compris sans se référer aux vastes réseaux écologiques dont les formes d'organisation, les orientations culturelles et l'évolution historique font depuis peu l'objet d'études[3]. La recherche empirique démontre que ces réseaux ne forment pas une organisation unifiée, mais qu'ils contiennent une multiplicité d'acteurs. La variété de motifs, d'intérêts et d'objectifs converge vers le souci de préserver l'environnement et de promouvoir une meilleure qualité de vie. Il y a des formes de mobilisation et de protestation qui reflètent les intérêts locaux des communautés menacées par une expansion préjudiciable à l'environnement. Il y a des associations volontaires qui œuvrent également comme groupe de pression au niveau national, et que les succès électoraux du Parti vert ont encouragées à mettre sur pied un lobby environnementaliste. On retrouve aussi dans le secteur de l'écologie des élites montantes qui appuient les habiletés techniques et culturelles innovatrices, et ce faisant acquièrent à leur tour une place de choix sur le marché, dans les médias ou dans le système politique. Enfin, il y a un environnementalisme moléculaire qui s'exprime par des micro-réseaux de solidarité qui transforment le style de vie personnel et expérimentent d'autres pratiques.

Diverses études démontrent que l'on peut départager les acteurs de la mobilisation écologique en trois catégories sociales. La documentation sur les «nouveaux mouvements» les a maintes fois décrits comme la «nouvelle classe moyenne», des «marginaux à l'aise» et l'«ancienne classe moyenne»[4]. Au-delà de ces caractéristiques, on peut généralement distinguer deux types d'actions et d'acteurs participant à la mobilisation écologique. Cette mobilisation prend tour à tour des formes conflictuelles et défensives, correspondant à deux manières différentes de faire face aux changements systémiques

---

3. Voir tout particulièrement Biorco et Lodi (1987) ainsi que Diani (1987).

4. Voir le chapitre 2 du présent ouvrage, «Sociétés complexes et vie quotidienne».

posés par les enjeux écologiques. Les acteurs exposés au processus central du changement écologique institutionnel, et qui dès lors en utilisent les ressources et en vivent les contradictions, seront plus enclins à adopter une approche «progressiste» ou conflictuelle. Par ailleurs, ceux qui doivent subir tout le poids du changement tout en ne disposant que de faibles moyens y voient une menace et adoptent une position «régressive». L'approche conflictuelle est souvent à l'avant-plan de la mobilisation publique; la forme défensive profite de ce sillage pour sa propre action défensive et tend à se retirer plus rapidement de la participation politique.

Dans certains pays, dont l'Italie et la République fédérale allemande, le risque spécifique de l'action écologique est le recyclage de politiques désuètes et d'anciennes élites dans les nouveaux enjeux environnementaux. Ce danger est renforcé par la compétition déclenchée dans le système politique au moment où les politiciens traditionnels comprennent quel capital électoral ils pourraient en retirer s'ils épousaient la cause écologique. Une élite possédant des aptitudes et de l'expérience politique acquises lors d'engagements précédents serait probablement plus apte à mener la lutte électorale que les militants recrutés directement lors de mobilisations autour d'un problème particulier. Mais cette élite pourrait tout aussi bien couper l'action institutionnelle des réseaux populaires, privant alors la mobilisation de son terreau culturel.

Bibliographie

BIANCHI, M. et M. MORMINO (1984). «Militanti di sé stesse», dans MELUCCI, A. (édit.), *Altri Codici*, Bologne, Il Mulino.

BIORCIO, R. et G. LODI (1983). *La Sfida Verde*, Padova, Liviana.

CALABRO, A. R. et L. GRASSO (1985). *Dal Movimento Femminista al Femmismo Diffuso*, Milan, Angeli.

DIANI, M. (1987). *Le Mobilizationi Ecologiste tra Lobby e Movimento Sociale*, thèse de doctorat, Université de Turin.

ERGAS, Y. (1986). *Nelle Maglie della Politica*, Milan, Angeli.

LIJPHART, A. (1977). «Political theories and the explanation of ethnic conflict in the western world», dans ESMAN, M. J. (édit.), *Ethnic Conflict in the Western World*, Ithaca, Cornell University Press.

MELUCCI, A. et M. DIANI (1983). *Nazioni Senza Stato, I Movementi Etnico-Nazionali nelle Occidentali Contemporanee*, Torino, Loescher.

PARSONS, T. (1975). «Some theoretical considerations on the Nature and Trends of Change of Ethnicity», dans GLAZER, N. et P. MOYINAN (édit.), *Ethnicity, Theory and Experience*, Cambridge (Mass.), Harvard University Press.

Les mouvements sociaux: un terrain mouvant

Louis MAHEU
et David DESCENT
Département de sociologie
Université de Montréal

Dans cet article, les auteurs proposent une définition du mouvement social à partir de certaines de ses caractéristiques. Ils décrivent l'espace horizontal et vertical où se déploient les mouvements sociaux de même que la rigidité des grands appareils qui provoquent leur éclosion.

Les mots sont dangereux et nombreux sont ceux qui ont déjà formulé pareil constat (Havel, 1990). Il en va ainsi pour l'expression mouvement social qui, généreusement et indistinctement plaquée à tout ce qui bouge et gribouille dans l'action sociale, semble vaguement s'opposer à l'ordre établi et se loger automatiquement du côté de la contestation sociale. D'une certaine manière, l'expression mouvement social est d'autant plus trompeuse que des groupes fort différents en revendiquent l'appellation.

Pour dissiper cette confusion, il faut donner une signification précise à l'expression mouvement social et l'utiliser d'abord et avant tout comme outil conceptuel. Ce concept peut donner un sens à des conduites collectives spécifiques et, à l'aide d'une réflexivité plus soutenue, peut aussi en favoriser une plus grande maîtrise. Par-delà la très grande diversité des courants et des traditions d'analyse des conduites collectives, cet article tentera d'éclaircir la notion de mouvement social en identifiant quelles sont les dimensions du social que l'expression mouvement social permet de mettre en relief. Ensuite, il sera question de la rigidité des grands appareils qui enserrent la société civile et alimentent en retour les mouvements sociaux.

NOTION DE MOUVEMENT SOCIAL

Pour échapper à la confusion déjà évoquée, il importe de définir le concept de mouvement social. Pour les auteurs, ce concept désigne les conduites collectives qui partagent plusieurs sinon la totalité des caractéristiques suivantes. D'abord, un mouvement social est une conduite collective conflictuelle qui est à relier à des situations d'inégalité et à des rapports sociaux de domination. Il faut se garder d'en déduire cependant que la meilleure ou l'unique manière d'analyser un mouvement social est le schéma problème-réaction ou contradiction-réponse. Les conduites collectives de type mouvement social appartiennent au registre des conduites et des rapports conflictuels mais elles sont, à l'occasion, créatrices, innovatrices, soulevant des enjeux nouveaux, orientant les pratiques sociales vers des conduites moins institutionnalisées. Elles mènent aussi à des pratiques offensives relatives à des enjeux de liberté, d'autodétermination, d'émancipation, de démocratie.

Ces rapports ne relèvent pas principalement de la sphère du travail ni des rapports de production: on soutient encore, et c'est le deuxième trait du mouvement social, qu'il concerne les conduites collectives présentant de façon prédominante des dimensions culturelles et politiques, symboliques de l'action. Cette articulation est capitale et nous y reviendrons.

Troisième trait: le mouvement social désigne des conduites collectives conflictuelles ayant une certaine visibilité et présentant une forme organisationnelle plutôt fluide, souvent peu durable et peu centralisée. Les formes de mobilisation, d'organisation et de leadership des conduites collectives du type mouvement social ressemblent peu à celles du parti politique; elles se démarquent aussi des formes plus institutionnalisées caractérisant les organisations syndicales, y compris celles du mouvement ouvrier classique.

Quatrièmement, les conduites collectives de mouvements sociaux ne visent pas automatiquement ni directement une transformation globale de la société. Elles se désintéressent encore plus d'un changement reposant sur une théorie et un credo politiques, souvent d'obédience marxiste, pour qui il n'y a de changement réel que par la prise du pouvoir de l'État. Les mouvements sociaux rejettent toutefois l'opposition futile entre révolution et réforme; ils cherchent plutôt à agrandir le contrôle démocratique de zones sociales particulières. En ce sens, le mouvement social ouvre au processus de démocratisation divers espaces sociaux, souvent inédits, et jusque-là peu atteints par le processus politique.

Enfin, cinquième et dernier trait, les conduites collectives que sont les mouvements sociaux posent problème au sujet de leur articulation aux classes sociales. Certains dissocient totalement les mouvements sociaux des classes sociales. D'autres qui les y rattachent retiendront leur aspect pluriclassiste, voire leurs liens avec plusieurs fractions des classes moyennes; d'autres enfin diront qu'ils représentent des rapports de classes typiques d'une autre forme de société et, partant, que les mouvements sociaux illustrent la transition vers la société postindustrielle. Ici encore, il ne faut pas clore la question trop vite, mais attendre que des analyses nouvelles documentent mieux les liens entre les classes sociales et les mouvements sociaux. Il s'impose de noter que les mouvements sociaux pointent bien souvent du doigt des pratiques sociales à propos desquelles les classes sociales apparaissent fragmentées, traversées par d'autres logiques d'action et d'appartenance sociales tels le sexe, l'ethnie ou l'âge.

Retenons cependant à propos de cette notion de mouvement social qu'elle amène souvent certains analystes à parler de conduites collectives, non pas des mouvements sociaux, mais des nouveaux mouvements sociaux. À certains égards, l'allusion à la nouveauté est de nature à confusion. Pour les uns, la nouveauté mesure la distance entre le mouvement ouvrier du début du siècle et les mouvements sociaux actuels. Pour les autres, il y aurait une étape intermédiaire entre le mouvement ouvrier et les mouvements sociaux actuels; de ce point de vue, les mouvements sociaux actuels se distingueraient aussi des mobilisations plutôt imposantes, étendues, pluriclassistes et assez vigoureuses qui, dans les années 60 et 70, caractérisaient les luttes urbaines et les mobilisations autour de la défense des conditions de vie des couches populaires urbaines.

Là aussi, l'essentiel est de ne pas se laisser piéger par un mot: la nouveauté est en soi tout à fait secondaire en cette matière. L'essentiel est de dire en quoi les conduites collectives conflictuelles ont changé, et trois paramètres, au moins, s'offrent pour mesurer le changement. D'une part, les enjeux structurels de domination et les pratiques des mouvements sociaux concernent des terrains différents: plusieurs domaines du hors travail et des pratiques moins centralisées sur le seul pouvoir d'État, par exemple, sont ici déterminants. Ensuite, les formes organisationnelles et les traits actuels plus concrets des mouvements sociaux se différencient des formes antérieures de mobilisation collective. Fluidité, membership plus dilué, alternance de luttes ouvertes et d'accalmie s'opposent au maintien et à la reproduction de luttes soutenues, à des formes organisationnelles plus structurées, à des types bien arrêtés de membership et de leadership.

Enfin, les couches et populations sociales participant aux conduites collectives des mouvements sociaux sont davantage morcelées et éclatées. La classe ouvrière et le mouvement ouvrier ne constituent plus le bassin principal et exclusif d'alimentation de mobilisations collectives ni le moteur social assurant leur reproduction plus ou moins continue. Dans une société précise, à un moment donné de son histoire, les mouvements sociaux se manifestent parfois par des luttes sociales ouvertes et conflictuelles. Par contre, en l'absence de luttes sociales peu développées et peu répandues, ces conduites collectives n'en préfigurent pas moins certaines tendances de la société de l'avenir.

Offe (1985) a tenté de définir ces facteurs structurels à relier aux nouveaux mouvements sociaux. En premier lieu, avance-t-il, les formes de domination sociale iraient en se diversifiant et atteindraient des couches de plus en plus larges de la société: les jeunes, les femmes, les minorités ethniques (notamment les immigrants non reçus), les citoyens des régions périphériques, les nouvelles classes moyennes. Ces différentes catégories de personnes constitueraient l'espace horizontal des mouvements sociaux. En deuxième lieu, les modes de domination gagneraient en profondeur en s'attaquant à des dimensions de la vie sociale jadis exclues du domaine public et politique: c'est le cas par exemple de la sexualité, de la gestion du corps, des relations interpersonnelles et de l'organisation communautaire. L'approfondissement des modes de domination représenterait l'espace vertical des mouvements sociaux.

Enfin, les appareils de contrôle technocratique propres à notre époque démontreraient une telle rigidité qu'ils seraient devenus incapables d'autocorrection: une fois structurés et lancés, ils ne seraient plus en mesure de corriger leur trajectoire technocratique. Cette typologie avancée par Offe (1985) nous servira, dans les lignes qui suivent, pour détailler quelque peu les espaces sociaux et les champs de rapports sociaux qu'investissent les conduites collectives conflictuelles dites des mouvements sociaux. Typologie arbitraire, bien sûr, mais qui a le mérite, croyons-nous, de rendre plus intelligibles les enjeux posés par les nouveaux mouvements sociaux.

L'ESPACE HORIZONTAL DES MOUVEMENTS SOCIAUX

Les toutes premières observations faites au sujet des mouvements sociaux voulaient que les conflits qu'ils suscitaient débordassent largement la sphère du travail, notamment celle du procès de travail proprement dit (Touraine, 1969). Le développement de la société postindustrielle serait davantage fonction de la maîtrise d'un ensemble de ressources comme la connaissance, l'information, les modes de gestion, les systèmes d'éducation, la recherche-développement. La maîtrise de ces ressources prendrait la forme d'une domination exercée par des dirigeants de grandes administrations et de grandes entreprises; on pensait aussi qu'elle aurait pour effet d'étendre le contrôle social à des groupes sociaux comme les consommateurs des services publics soumis à des formes de «participation dépendante» (Touraine, 1978). Dans cette perspective, les mouvements étudiants européen et américain avaient été rapidement identifiés comme les acteurs privilégiés des mouvements sociaux contemporains de même que divers regroupements d'usagers de services et de biens collectifs.

Au Québec, la recherche sur les mouvements sociaux a fait apparaître de nouveaux modes de domination hors travail (Descent et al., 1989). On les retrouve dans l'application des politiques de santé et dans la gestion des populations cibles (Lesemann, 1981; Gaucher, Laurendeau et Trottier, 1981), dans la consommation de certains biens collectifs urbains (Maheu, 1983a), dans l'encadrement étatique de la marginalité et de la délinquance juvéniles (Renaud, 1984; René, 1986) ou encore au niveau de la socialisation et de la prise en charge de la petite enfance. L'emprise de la technocratie s'étend aussi aux domaines des politiques de la main-d'œuvre et de la formation professionnelle pour les jeunes (Dandurand, 1983), aux politiques sociales comme celles reliées aux revenus du citoyen et du ménage (Maheu, 1983b) ou encore au financement des organisations communautaires et associatives (Hamel, 1983). Autrement dit, la domination sociopolitique gagnerait du terrain sur le plan de l'horizontalité sociale.

Le mérite de ces études sur les mouvements sociaux aura été d'éclairer les rapports entre la sphère du travail et celle de la vie hors travail: l'éthique du travail et la qualité de la vie hors travail constituent un enjeu que révèlent ces diverses formes de conduites collectives. Ainsi, chômage créateur et précarité d'emploi volontaire démontrent un rapport culturel nouveau au travail; dans le contexte plus large de la qualité de vie et du développement de réseaux, la valeur d'usage du travail apparaît comme une revendication sociale quelquefois mise de l'avant par des mobilisations prenant la forme de mouvements sociaux. De même, les politiques d'emploi et de développement économique régional constituent un autre espace articulé à l'univers du travail que commencent à occuper des mouvements sociaux communautaires, notamment à travers la revitalisation de l'emploi dans les régions.

D'autres études, les unes plus nettement inspirées par le mouvement des femmes et les autres plus liées à la mobilisation des femmes dans le mouvement syndical, ont mis l'accent sur les rapports entre les conditions de travail et les conditions socioculturelles des femmes. On a pu ainsi mettre en évidence la dualité sexuelle du marché du travail et l'imbrication complexe des rapports d'exploitation et des rapports de domination sociale fondée sur le sexe. Le profil du marché du travail est en effet fortement marqué par la division sexuelle des rôles: aux femmes échoient surtout les tâches industrielles les plus pénibles et les plus routinières, les statuts socioprofessionnels les moins élevés, les postes peu qualifiés et faiblement syndiqués du secteur commercial et des services publics et privés. Elles sont plus nombreuses que les hommes à occuper des emplois précaires et à temps partiel. Leur salaire pour des tâches similaires est en général inférieur à celui des hommes et leur mobilité sociale est plus limitée.

Les études féministes ont aussi débordé la sphère du travail rémunéré et montré que les liens entre travail gratuit et vie privée reposent sur un rapport social d'exploitation sous-tendant le travail domestique (Laurin-Frenette, 1981; Saint-Jean, 1983; Vandelac, 1981, Vandelac et al., 1985; Messier, 1984). Ce sont surtout les femmes qui accomplissent le lot des tâches domestiques qui grugent leur temps et leur énergie, et au profit des autres. Et ce ne sera pas une coïncidence, lorsqu'on parlera de l'approfondissement des rapports de domination au sein de la vie privée, de constater que ce sont surtout les femmes qui en subissent le poids à travers l'expérience d'une identité socioculturelle qui est à la fois objet de domination et enjeu de luttes sociales d'émancipation.

Un autre mouvement social qui a retenu l'attention des analystes des mouvements sociaux fut celui des groupes nationaux en butte à des rapports sociaux de minoritaires à majoritaires, et que certains appellent la question nationale. Ces rapports sociaux de minoritaires à majoritaires traversent plusieurs registres d'action: le marché du travail, l'accès aux ressources de l'accumulation, les échanges symboliques et le pouvoir plus proprement politique. Surtout visibles dans les moments de luttes sociales ouvertes et vives, ces rapports débordent et fractionnent l'appartenance sexuelle, de classe ou de groupe d'âge. Point de surprise alors si dans certaines conjonctures de la société québécoise, la classe ouvrière tout comme les autres classes sociales fut confrontée à la difficile réconciliation de la classe sociale et de la nation (Mascotto et Soucy, 1980). D'autre part, il est vrai que ces rapports de minoritaires à majoritaires sont fréquemment accaparés par les appareils politiques plus traditionnels: dans une telle conjoncture, la lutte politique domine et occulte des luttes sociales du type de celles des mouvements sociaux. C'est fréquemment le cas au Québec.

D'autres catégories sociales comme les jeunes, les immigrants, les groupes ethniques et autochtones minoritaires ont aussi à faire face à des inégalités qui caractérisent une identité socioculturelle assujettie. Là encore, la notion de mouvement social servira à analyser des conduites collectives, des rapports et structures de domination qui amalgament plusieurs registres sociaux (le travail, le politique, la culture) et fractionnent d'autres catégories sociales d'appartenance comme celles du sexe ou de la classe sociale.

L'ESPACE VERTICAL DES MOUVEMENTS SOCIAUX

Non seulement ces nouveaux modes de domination sociale atteignent-ils de nouvelles couches sociales, mais ils envahissent des nouvelles zones de la vie personnelle et de nouveaux espaces sociaux: ils gagnent en profondeur. Offe (1985) dira à cet effet que la domination sociale et les mouvements sociaux qui lui sont reliés déplacent les frontières entre les domaines public et privé en politisant de nouveaux objets autrefois réservés au domaine privé. Cette assertion renvoie à l'intrusion capillaire de la rationalité instrumentale émanant des appareils technocratiques dans de multiples secteurs de la vie quotidienne. On fait référence ici aux nouvelles techniques de contrôle et d'encadrement social, d'imposition de savoir-faire, de savoir-vivre et d'expertises. Les concepts de «colonization of the life-world» (Habermas) et de «democratization of everyday life» (Melucci) tentent de cerner cette nouvelle réalité.

L'appropriation du corps constitue peut-être l'enjeu le plus marquant de cette politisation de la vie privée; les récentes manifestations du mouvement des femmes autour des nouvelles technologies de la reproduction humaine ou encore autour du droit à l'avortement sont très significatives à ce sujet. Les analystes ont en effet porté à notre attention le fait que la procréatique et la législation sur l'avortement trahissent les rapports sociaux marquant l'appropriation sociale du corps et de la sexualité féminine par l'expertise et la recherche médicales (Gaucher, Laurendeau et Trottier, 1981; Conseil du statut de la femme, 1988). On a dénoncé le fait que le corps des femmes devienne un «objet scientifique», un «laboratoire» dont le contrôle leur échappait au profit des prescriptions sociales, professionnelles et de la rationalité instrumentale. L'expression «mères-cobayes» est tout à fait révélatrice et sa portée sociale a été bien rendue par le cinéaste québécois Robert Favreau dans le film *Portion d'éternité*. Selon le généticien français Jacques Testart, la recherche en procréation artificielle est d'abord orientée vers le contrôle génétique «des groupes humains et non pas tant vers la seule solution des problèmes de stérilité» (Testart, 1988).

Les rapports sociaux sous-tendant l'appropriation du corps constituent donc une composante majeure de l'identité socioculturelle des femmes. Produit de rapports et de structures de domination, cette identité se construit aussi à même les luttes sociales d'affirmation et d'émancipation des femmes. Des études portant sur les réseaux associatifs et d'entraide de femmes dans divers domaines, et notamment dans celui de la santé, illustrent comment, autour de l'appropriation du corps et de la vie quotidienne des femmes se développent des actions d'auto-contrôle des conditions économiques et sociopolitiques de la vie des femmes et par là de leur identité socioculturelle (Cohen, 1981; Gaucher, Laurendeau et Trottier, 1981).

RIGIDITÉ DES APPAREILS: DOMINATION ET LUTTES SOCIALES

D'autres formes de domination sont à rattacher au fonctionnement d'appareils de tout ordre devenus incapables de limiter leur expansion et leur intervention. Concernant le fonctionnement des appareils étatiques, la sociologie québécoise des mouvements sociaux a mis en lumière l'emprise de la gestion technocratique sur les modes de vie, la consommation de certains équipements collectifs, la formation des identité tant personnelle, collective que socioculturelle, la vie associative et l'action communautaire. Face à la gestion autoritaire du social et à l'intervention des politiques sociales, des groupes de base et des mouvements associatifs sont souvent amenés à défendre un espace social d'autonomie et de sociabilité; de ce fait, ils tendent à favoriser l'émergence de nouveaux espaces publics. C'est dans cette veine que certains ont pu déceler une contradiction importante des sociétés contemporaines, soit une «appropriation collective confrontée à une appropriation étatique du tissu social» (Maheu, 1983a; Maheu, 1983b) ou encore l'opposition d'une «socialité étatique» confrontée à une «socialité collective» (Hamel, 1983).

Ces études en corroborent d'autres effectuées dans différentes sociétés: toutes tendent à confirmer la rigidité des grands appareils, politiques aussi bien qu'économiques, culturels ou informationnels; toutes dénoncent leur incapacité à limiter leur emprise sur leur environnement externe, leur propension structurelle à manipuler les demandes et les besoins sociaux. Ces grands appareils technocratiques auraient même atteint une forme et un mode de fonctionnement irréversibles qui les rendrait imperméables à toute velléité d'auto-limitation et d'auto-régulation de leurs activités (Offe, 1985).

La domination sociale au sein des sociétés industrielles avancées prend donc la forme d'une intégration sociale extrême où les grands appareils de gestion, d'information et de service imposent des manières d'être, de faire, de penser et de dire en accord avec leurs objectifs spécifiques et leur système de pouvoir. Cette domination se traduit par une manipulation culturelle et sociopolitique agissant sur les besoins et les espaces sociaux de vie des citoyens. Dans cette mesure, la domination agit à la fois sur la production symbolique de la société et sur le développement des espaces publics.

Force est de reconnaître alors que ces rapports et ces structures de domination, tout comme les luttes sociales du type des mouvements sociaux qui leur sont articulées, sous-tendent, au-delà des espaces politiques et étatiques traditionnels et institutionnels, l'émergence d'espaces publics et politiques non institutionnels (Kitschelt, 1985; Offe, 1985). Certains diront, un peu rapidement peut-être, qu'il s'agit là du rapport entre l'État et la société civile, l'un et l'autre étant garants d'une plus grande démocratisation (Keane, 1988a et 1988b). En fait, il faut davantage s'interroger sur la permanente interpénétration que l'on observe, par le moyen de luttes sociales prenant la forme de mouvements sociaux, entre l'État et la société civile, entre le politique traditionnel, institutionnel et le politique non institutionnel lié à l'émergence de nouveaux espaces sociaux.

Du coup, les rapports entre les mouvements sociaux et le politique redeviennent fort importants et représentatifs d'une nouvelle tendance. Les mouvements sociaux ne veulent pas conquérir le pouvoir d'État et par là aboutir au changement global; plutôt, face à divers pouvoirs traditionnels, les mouvements sociaux discutent des enjeux et des processus de décision qui élargissent les voies de la démocratie. Ils favorisent la constitution d'espaces publics où les collectifs sociaux tiennent des débats sur l'usage de leurs ressources, l'organisation de leur pouvoir, le fonctionnement des grands appareils (Maheu, 1990).

Par exemple, le mouvement écologique contemporain revêt certaine-ment de multiples significations: toutes les luttes sociales menées au nom de la qualité de l'environnement ne peuvent être rangées sous la rubrique des mouvements sociaux. Comme le mouvement ouvrier du début de l'ère industrielle, le mouvement écologique suscite cette forte puissance d'évo-cation du scandale et du désordre produit par le mode de développement. Par contre, si des luttes sociales écologiques appartiennent aux mouvements sociaux, ce n'est pas uniquement par leur capacité de révéler d'un seul coup le visage toujours plus scandaleux d'un modèle de développement qui menace les équilibres les plus élémentaires de notre univers physique et social. Les luttes sociales écologiques s'avèrent aussi des mouvements sociaux dans la mesure où elles remettent en question la rigidité des appareils et le fonctionnement du politique traditionnel et institutionnel. Elles contribuent alors à la création de nouveaux lieux où peuvent mieux se débattre l'accumulation et l'usage des ressources, les mécanismes et les formes de pouvoir orientant les grandes décisions touchant notre devenir.

Pour conclure, il faut se garder bien sûr de privilégier une lecture trop politique des mouvements sociaux. Reconnaissons seulement qu'en remettant en question les rapports du public et du privé, ceux du politique institutionnel et du politique non institutionnel, la formation et l'imposition d'identité personnelle et socioculturelle, les formes de domination articulant autrement le travail et le non-travail, l'émergence de nouveaux espaces sociaux, le fonctionnement des grands appareils, en posant toutes ces questions donc, les luttes sociales des mouvements sociaux et les courants d'analyse qui les éclairent ne s'attaquent pas à des détails!

Bibliographie

CONSEIL DU STATUT DE LA FEMME (1988). *Sortir la maternité du laboratoire*, actes du colloque international sur les nouvelles technologies de la reproduction organisé par le Conseil du statut de la femme et tenu à Montréal les 29, 30 et 31 octobre 1987 à l'Université Concordia, Québec.

COHEN, Y. (1981). *Femmes et politique*, Montréal, Éditions Le Jour.

DANDURAND, P. (1983). «Crise, État et politiques de main-d'œuvre», *Revue internationale d'action communautaire*, 10/50.

DESCENT, D., MAHEU, L., ROBITAILLE, G. et G. SIMARD (1989). *Classes sociales et mouvements sociaux au Québec et au Canada*, Montréal, Saint-Martin.

GAUCHER, A., LAURENDEAU, F. et L. H. TROTTIER (1981). «Parler de la vie, l'apport des femmes à la sociologie de la santé», *Sociologie et sociétés*, vol. 13, n° 2.

HAMEL, P. (1983). «Crise de la redistribution étatique et financement des organisations populaires», *Revue internationale d'action communautaire*, 10/50.

HAVEL, V. (1990). «Words on Words», *New York Review of Books*, 18 janvier.

KEANE, J. (1988a). *Democracy and Civil Society*, Londres, Verso.

KEANE, J. (sous la direction de) (1988b). *Civil Society and the State: New European Perspectives*, Londres, Verso.

KITSCHELT, J. (1985). «New Social Movements in Germany and in United States», *Political Power and Social Theory*, vol. 5.

LAURIN-FRENNETTE, N. (1981). «Féminisme et anarchisme: quelques éléments théoriques et historiques pour une analyse de la relation entre le mouvement des femmes et État», dans Yolande Cohen (sous la direction de), *Femmes et politique*, Montréal, Éditions Le Jour.

Lesemann, F. (1981). *Du pain et des services*, Montréal, Saint-Martin.

Maheu, L. (1983a). «Les mouvements de base et la lutte contre l'appropriation étatique du tissu social», *Sociologie et sociétés*, vol. 15, n° 1.

Maheu, L. (1983b). «Crise sociale, mouvements sociaux et pratiques de changement social», *Politique*, n° 4.

Maheu, L. (1990). «Les nouveaux mouvements sociaux: entre les voies de l'identité et les enjeux du politique», dans Louis Maheu et Arnaud Sales (sous la direction de), *La recomposition du politique*, Montréal, Presses de l'Université de Montréal (à paraître).

Mascotto, J. et P. Y. Soucy (1980). *Sociologie politique de la question nationale*, Montréal, Saint-Martin.

Messier, S. (1984). *Les femmes, ça compte: profil socio-économique des Québécoises*, Québec, Conseil du statut de la femme.

Offe, C. (1985). «New Social Movements: Challenging the Boundaries of Institutional Politics», *Social Research*, vol. 52, n° 4.

Renaud, G. (1984). *À l'ombre du rationalisme. La société québécoise, de sa dépendance à sa quotidienneté,* Montréal, Saint-Martin.

René, J.-F. (1986). «Jeunesse: la résistance à l'épreuve du quotidien», M.-A. Duviger et J.-F. René (sous la direction de), *Jeunesse: désillusions tranquilles*, Montréal, VLB Éditeur.

Saint-Jean, A. (1983). *Pour en finir avec le patriarcat*, Montréal, Primeur.

Testart, J. (1988). «Premier bilan d'une rupture annoncée», Conseil du statut de la femme, *Sortir la maternité du laboratoire*, actes du colloque international sur les nouvelles technologies de la reproduction organisé par le Conseil du statut de la femme et tenu à Montréal les 29, 30 et 31 octobre 1987 à l'Université Concordia, Québec.

Touraine, A. (1969). *La société post-industrielle*, Paris, Denoël.

Touraine, A. (1978). *La voix et le regard*, Paris, Seuil.

Vandelac, L. (1981). «Et si le travail tombait enceinte? Essai féministe sur le concept de travail», *Sociologie et sociétés*, vol. 13, n° 2.

Vandelac L., Bélisle, D., Gauthier, A. et Y. Pinard (1985). *Du travail et de l'amour: les dessous du travail domestique*, Montréal, Saint-Martin.

Individualisme et mouvements sociaux

Nicole OLLIVIER
Département des sciences humaines
Université du Québec à Hull

Amorcée en rupture politique avec les années 70, marquée par les grandes mobilisations politiques et le non du référendum, la décennie des années 80 s'est fermée sur l'indétermination. L'individualisme s'impose, tant comme valeur guidant les conduites individuelles que comme mode d'appréhension du social. Au-delà de l'égoïsme ou du repli vers le privé, cet individualisme est peut-être aussi porteur de nouvelles identités et de nouveaux rapports sociaux à l'intérieur desquels les intérêts individuels et collectifs ne sont plus définis comme étant à priori contradictoires.

Les années 80 auront laissé leurs marques et, comme toutes les décennies, elles auront aussi ouvert de nouvelles avenues. À l'aube des années 90, il importe plus que jamais de poursuivre nos réflexions sur le sens de l'action sociale en nous inspirant justement de ces multiples pistes tracées par l'histoire récente. Rappelons d'abord brièvement quelques changements survenus dans la pensée et l'action politique du Québec des dernières années.

Autant les années 60 et 70 ont été caractérisées par les grandes mobilisations collectives, autant les années 80 ont semblé l'être par la fragmentation des luttes. Plusieurs, tant théoriciens qu'acteurs sociaux, ont ressenti un profond désarroi devant une réalité morcelée, où l'idéal de front uni est de plus en plus loin, et où on ne se sent plus capable de saisir l'ensemble de la réalité en la soumettant à un système de pensée, qu'il relève de la morale, de la lutte des classes ou de la lutte des sexes.

Un bref regard sur le Québec des quelques 20 dernières années nous force à constater l'élargissement considérable du champ politique et de la nature des enjeux sociaux. Aux luttes axées presque essentiellement sur le travail menées par le mouvement ouvrier, ont succédé les luttes sur les conditions de vie menées par le mouvement populaire. Consommation, endettement, logement, services alternatifs etc. sont devenus sources de mobilisation politique. Le milieu des années 70 a ensuite donné naissance à un nouvel éclatement, provoqué par la constitution des groupes autonomes de femmes en marge du mouvement ouvrier, du mouvement populaire et du courant nationaliste. Le mot d'ordre «le privé est politique», porté par la frange dite radicale du mouvement, traduit bien la nature des changements en cours. Sexualité, maternité, violence sexuelle et conjugale deviennent à leur tour des sources de mobilisation politique.

Qu'elles soient issues du mouvement des femmes, du mouvement populaire ou encore du plus récent mouvement écologique, ces revendications présentent certaines similitudes. Dans l'ensemble, elles marquent un déplacement significatif de la frontière entre le privé et le public. On se bat davantage pour une transformation des quotidiens de vie que dans l'espérance d'une libération totale. À cet élargissement du cadre politique se greffe une transformation de ce qu'on peut appeler la nature et la forme de l'engagement social au Québec.

L'apparition et la prise en compte de ces nouveaux mouvements ont aussi grandement bouleversé nos cadres de pensée politique. Le marxisme, à cause de l'essence même de son contenu, a sans doute ressenti le plus durement l'impact de ces transformations. En effet, la reconnaissance du caractère pluriel du social est incompatible avec le marxisme postulant l'unicité de la réalité réductible à une contradiction centrale (la lutte des classes) à laquelle tous les autres conflits peuvent venir se greffer. Ce pluralisme est aussi incompatible avec l'idée d'un sujet historique déterminé a priori, appelé à dépasser cette contradiction. Il s'agit aussi d'une rupture face à un projet de société unique et totalisant, à l'intérieur duquel il est postulé que l'abolition des relations de production capitaliste résoudrait à elle seule l'ensemble des conflits sociaux.

Devant cet éclatement des formes et des contenus politiques et devant notre incapacité à le saisir, seule la droite y aura semble-t-il trouvé son compte. Opposé au collectivisme des années 70, l'individualisme se présenterait comme l'une des manifestations les plus apparentes des changements en cours. Traditionnellement marié à la droite, l'individualisme est interprété surtout sur la base d'un repli sur soi (Lash, 1979), d'un refuge pour désenchantés ou encore comme résultante d'une société de consommation qui pousse à une atomisation sans fin du social (Lipovetsky, 1983). Thème controversé et lourd de résonances idéologiques multiples, l'individualisme reste cependant plus ou moins tabou quand il s'agit de penser l'action politique. Comme le souligne Alain Laurent, une période particulièrement anti-individualiste semble avoir dominé l'univers intellectuel des dernières années. «Dans la France "bien" pensante, on est contre l'individualisme comme on est contre le racisme ou pour la paix» (Laurent, 1985: 20). Au Québec, il est courant d'entendre sur un ton résigné et sans appel que l'individualisme est responsable de tous les maux de notre société. Cette explication est insatisfaisante et n'avance guère celui ou celle qui espère comprendre et agir sur le social actuel.

Dans cet article, nous essaierons donc de mieux saisir l'individualisme contemporain afin d'en cerner l'impact sur l'action sociopolitique des années 90. L'hypothèse que nous développerons est la suivante. L'individualisme contemporain comprend effectivement une dimension narcissique et un certain repli sur soi; toutefois, nous croyons que cette tendance, loin d'être essentiellement un frein à l'action sociopolitique, participe au contraire à sa redéfinition, tant en ce qui concerne l'identité des acteurs que la définition des enjeux sociaux. Ce processus nous conduit également à repenser le rapport du «nous» au «je», de l'individuel au collectif, non plus sous l'angle de l'opposition mais plutôt sous celui de l'articulation dialectique. Mais pour comprendre ce processus dans sa totalité, c'est-à-dire ce qu'il représente comme danger comme ce dont il peut être porteur, il faut dans un premier temps en reconsidérer la nature. Qui est ce nouvel individu, d'où vient-il et de quoi est-il désenchanté? Ce travail nous permettra, dans un deuxième temps, de réinterpréter le sens de ce processus tant en termes de signification que d'orientations pour l'action sociopolitique des années à venir.

NARCISSE, HÉROS OU DAMMÉ:
NOUVEAU SYMBOLE DE L'INDIVIDUALISME

Si certains lui jettent un regard plutôt bienveillant (Lipovetsky, 1983) et si d'autres n'y voient surtout qu'une défaite individuelle (Lash, 1979), Narcisse, comme figure symbolique, tient dans ce débat le rôle principal. Qui est ce nouveau personnage et surtout d'où vient-il? Pour Lash d'abord, «le nouveau Narcisse cherche un sens à sa vie» (Lash, 1979: 11). «N'ayant pas l'espoir d'améliorer leur vie de manière significative, les gens se sont convaincus que, ce qui comptait, c'était d'améliorer leur psychisme» (Lash, 1979: 17). La «sensibilité politique» aurait fait place à une «sensibilité thérapeutique» et marque ainsi «un repli vers des préoccupations individuelles» (Lash, 1979: 17).

Le Narcisse de Lipovetsky est aussi le symbole de l'individualisme contemporain. L'œuvre démocratique se poursuit mais l'individu qui en est issu est de type narcissique.

> Quelle autre image est mieux à même de signifier l'émergence de cette forme d'individualité [...] centrée sur la réalisation émotionnelle de soi-même [...] ? Quelle autre image permet de mieux illustrer notre situation présente où le phénomène crucial n'est plus l'antagonisme de classe mais la dissémination du social (Lipovetsky, 1983: 15).

En situant l'origine de l'individualisme dans un certain désenchantement (Lash), ou encore au sein du processus démocratique (Lipovetsky), on ne considère donc pas que ce nouvel individu est pur égoïsme, c'est-à-dire motivé essentiellement par la satisfaction de ses besoins toujours croissants, et ce, indépendamment du bien collectif. Mais si ces trois termes, individualisme, narcissisme et égoïsme, ne sont pas synonymes, ils appartiennent à la même famille et sont par le fait même aisément confondus. Dans la mentalité populaire et dans la plupart des courants de pensée, la famille de termes opposés est d'ailleurs aisément identifiable: collectivisme, altruisme et désintéressement personnel en sont des membres. Ces définitions nous ramènent à une opposition de l'individuel au collectif, opposition dont on ne pourrait semble-t-il sortir qu'au profit de la domination d'un terme sur l'autre. Cette opposition est aussi, rappelons-le, celle revendiquée par la droite et la gauche traditionnelles ainsi que celle invoquée pour caractériser les années 60, 70 et 80. Nous reviendrons sur cette opposition.

Si, comme nous l'avons vu, ce nouvel individu n'est pas pur égoïsme, quel lien entretient-il donc avec le social? On peut y voir, comme Lipovetsky, un narcissisme collectif, figure ultime de l'individualisme contemporain. Les grandes visées universelles auraient battu en retraite et c'est sous la forme de «collectifs aux intérêts hyperspécialisés qu'on se regroupe» (1983: 16).

Groupes de veufs, de parents d'homosexuels, de bègues en sont des exemples. «On se rassemble parce qu'on est semblable, parce qu'on est sensibilisé directement par les mêmes objectifs existentiels» (1983: 16), d'où le concept de narcissisme collectif. Nous croyons toutefois possible d'inverser cette logique. Si, des années 70, nous avions retenu une certaine homogénéité dans la définition des identités et des enjeux sociaux, les années 80 ont été caractérisées par l'éclatement de ces enjeux et de ces appartenances sociales. En inversant la logique du narcissisme collectif, c'est aussi (et cette piste nous paraît plus prometteuse) ce qu'on pourrait nommer le «nous différencié» par rapport au «nous exclusif» des années 70. *Nous* parce que l'appartenance au collectif persiste (les nouvelles solidarités et pratiques en témoignent) mais *différencié* car ces appartenances, contrairement à celles des années 70, sont multiples au sein d'un même acteur.

Cette redéfinition de l'identité peut aussi être reliée à la désaffection politique actuelle. En refusant le «nous exclusif» totalisant et réducteur au profit d'un «nous différencié», on refuse par le fait même l'adhésion à *un* seul enjeu tout aussi totalisant et réducteur et auquel la réalité ne répond plus. Mais pour expliquer cette désaffection, on invoque souvent, comme le note Baudrillard, «la manipulation des masses par le Pouvoir, leur mystification par le football» (1978: 18). Sans aller jusqu'à anticiper «la fin du social» par la «force d'implosion des masses», ce phénomène mérite d'être interrogé autrement qu'en termes exclusifs de déception ou de manipulation.

> Ce que les élites politiques et dirigeants qualifient «d'indifférence à la politique» pourrait bien signifier un refus grandissant des citoyens de participer à un système politique qui les traite en consommateurs de spectacles pré-fabriqués. Ce comportement, en d'autres termes, pourrait indiquer non pas un retrait de la chose politique mais bien plutôt le début d'une révolte politique générale (Lash, 1981: 10).

Qui pourrait-on blâmer en effet de se désintéresser du système politique actuel? Le fait que ce refus soit plus ou moins conscient ou qu'il ne soit pas encore articulé en stratégie politique claire ne nous paraît pas en soi si dramatique. Il signifie surtout que ce repli vers le privé, ce «retour de l'individu», n'est pas nécessairement exempt de potentialités de changement social. Si on est aujourd'hui désenchanté, c'est peut-être surtout par rapport aux grands idéaux mais la perte d'*un* sens n'équivaut pas nécessairement à la perte de sens de façon absolue. Ce sens perdu est peut-être celui qui postule l'unicité et la maîtrise du social dans sa totalité, comme le suggère à cet effet Patrice Bollon:

> L'individualisme remet sans doute moins en cause les idéologies que la nature du lien d'adhésion presque religieux qui existait jadis avec elles [...]. Ce sont moins les idéologies qui tendent à disparaître que leur caractère d'infaillibilité.

Les idéologies sont aujourd'hui considérées comme mortelles, transitoires, partielles (1988: 81).

Si on admet, comme le dit Bollon, que le rapport avec les idéologies s'est dépassionné, force nous est de constater que cette transformation s'est accompagnée d'un certain vide. Cette rupture avec le caractère d'infaillibilité des idéologies se manifeste sous la forme apparente d'un relativisme et d'un nihilisme déconcertants. Toutefois, cette absence de contenu nous paraît davantage liée à ces changements d'appréhension du social qu'à une manipulation et encore moins à une «mort» inévitable du social. L'écroulement de ce qui était considéré comme des certitudes rend peut-être nécessaire une période de réajustement, de flottement, où l'on ne peut être que désemparé devant le nombre infini de possibles et devant l'absence de fil conducteur. Bien plus, les contenus sont eux aussi perçus comme étant partiels et transitoires.

Si banale qu'elle puisse sembler, cette nuance nous semble de taille. Elle nous appelle à distinguer entre, d'une part, un nouveau lien en train de se créer entre individus et société et, d'autre part, la désillusion de générations qui avaient cru à une libération totale. En d'autres termes, le repli et la désaffection actuels ne doivent pas nécessairement être interprétés sous une forme essentiellement négative, même s'ils sont sociologiquement vécus ainsi par toute une génération. Ce processus doit plutôt être compris dans la perspective d'une transformation de la pensée et de l'agir politique. Cette transformation affecte la définition de l'identité des acteurs (le «nous différencié») et l'appréhension de la réalité (pluralité de sens) mais aussi, nous le verrons, la nature des enjeux sociaux. Le mouvement des femmes nous paraît avoir joué, à l'intérieur de ce processus, un rôle de premier plan et il illustre bien cette triple transformation.

Plus que tout autre mouvement, le mouvement des femmes a en effet contribué de façon directe à l'éclatement des enjeux et des acteurs sociaux. Plus que tout autre mouvement, il a remis en cause les théories et les pratiques à visées universalistes, totalisantes et réductrices. Bien sûr, certaines de ses tendances ont pris le même chemin en se prétendant tout aussi universelles, porteuses de la vérité et de la solution finale. Mais c'est aussi le même mouvement qui a forgé l'articulation de l'individuel et du collectif, la cohabitation du «je» et du «nous». En effet, si individualisme et collectivisme s'opposent, c'est bien parce que l'individualisme ne peut être dissocié de la tendance à placer la vie privée au-dessus de tout engagement politique. Le mouvement des femmes, en plaçant au contraire au cœur de l'engagement politique des problèmes dits «privés», a déplacé la frontière séparant ces deux termes. Bien plus, à l'intérieur même des demandes des femmes étaient contenues des visées indubitablement «individualistes». À ce sujet, l'avortement est sans doute l'exemple le plus révélateur. Que l'on soit personnellement pour ou contre, c'est le droit individuel pour chacune des femmes de disposer de son propre corps qui est ici revendiqué, et ce, au-delà des considérations morales ou encore des visées natalistes nationales! Ce que les femmes revendiquent, en définitive, c'est le droit d'être des individus à part entière au-delà des catégories de sexe. En brisant l'opposition entre le privé et le public, le mouvement des femmes a par le fait même contribué à briser l'opposition entre l'individuel et le collectif.

INDIVIDUEL ET COLLECTIF: UNE ARTICULATION POSSIBLE ET NÉCESSAIRE

L'élargissement du cadre politique à des domaines considérés comme étant du ressort du privé poursuivrait donc ici son œuvre. Comme le rappelle Touraine, la conquête de l'espace politique amorcée au XIXᵉ siècle par le mouvement ouvrier s'est d'abord faite à partir du vécu, de la misère et des taudis, pour prendre forme dans des revendications syndicales et ensuite dans un projet de société. Aujourd'hui,

> [...] la nouvelle génération de problèmes sociaux et de débats politiques est plus près de la vie individuelle que la précédente, qui était définie par les problèmes du travail. Mais celle-ci était déjà plus proche du vécu que les revendications plus directement économiques ou juridiques qui formaient l'essentiel de la vie publique au 17ième et au 18ième siècle [...] (Touraine, 1989: 27).

Ces dernières réflexions nous amènent un peu plus loin. Non seulement devons-nous réexaminer le sens de cet individualisme qu'on considère trop souvent antisocial dans son essence, mais nous devons également y voir une extension de l'espace démocratique et les germes d'un nouveau lien social qui peut être émancipateur. Comment en effet «ne pas penser que va se reconstruire une action politique à partir de nouvelles demandes individuelles?» (Touraine, 1989: 27).

Si les années 80 semblent en appeler à une plus grande individualité, ce ne serait donc pas seulement en opposition avec les années 70, mais aussi en continuité avec elles. Continuité effectivement en ce qui concerne le contenu «individualiste» des revendications, rupture par contre quant à la prétention universaliste et au «nous» homogène. À ce jour, aucun retournement n'est à prévoir et il est à parier que l'engagement social se fera à partir de ces nouvelles bases.

Les années 60 et 70 ont été celles des structures et du système tout-puissant. On disait de l'individu, du sujet, de l'acteur, qu'il y était soumis, dépendant et aliéné. Les années 80 et 90 sont celles des individus et des groupes capables de se créer, au-delà des manifestations historiques ou divines. Ce ne peut être, en ce sens, qu'un progrès pour l'action sociale.

Si ces transformations annoncent un nouveau lien à créer entre les individus et la société, ce rapport semble vouloir se construire à partir d'une redéfinition de l'identité qui passerait d'abord par une plus grande individualité, par opposition à une ou des appartenances, que celles-ci soient hyperspécialisées ou qu'elles recouvrent au contraire l'ensemble du social. Ce nouveau rapport, formé de l'individuel et du collectif, du «je» et du «nous», ne commanderait pas nécessairement la domination d'un terme sur l'autre.

De ce nouveau lien à créer, tout reste pourtant à inventer. S'il contient les germes d'un dépassement de l'opposition individuel-collectif, il porte aussi celui d'un individualisme qui peut s'exacerber. Mais de cette nouvelle façon d'appréhender le social peut aussi surgir un nouvel art de vivre en société qui, s'il ne réconcilie pas d'une façon absolue la société avec elle-même, n'en poursuit pas moins la quête d'une plus grande liberté et d'une plus grande égalité. En opposant artificiellement individualisme et collectivisme, on se bouche par le fait même les yeux sur de nouveaux enjeux sociaux. En laissant à la droite le soin de penser l'individualisme, on ne peut s'attendre qu'à son retour en force. Le défi des années 90 est de déceler, à l'intérieur de ce phénomène, les dangers pour l'action sociale aussi bien que les forces de résistance s'opposant à la réduction de la vie individuelle et collective à «un marché de consommateurs». Il faut pour cela repenser l'individualisme en évitant les deux écueils qui conduisent à le définir a priori, soit en le condamnant comme s'il était dans son essence antisocial ou au contraire en en faisant notre seule planche de salut.

Bibliographie

BAUDRILLARD, Jean (1978). À l'ombre des majorités silencieuses, Paris, Denoël Gonthier.

BOLLON, Patrice (1987). «Le culte du moi», Magazine Littéraire, n°s 239-240, 79-81.

LASH, Christopher (1979). Le complexe de Narcisse, Paris, Robert Laffont.

LAURENT, Alain (1985). De l'individualisme, enquête sur le retour de l'individu, Paris, Presses Universitaires de France.

LAURENT, Alain (1989). «L'édifiante histoire de l'individualisme», Magazine Littéraire, n° 264, 35-37.

LIPOVETSKY, Gilles (1983). L'ère du vide, Paris, Gallimard.

TOURAINE, Alain (1989). «Un nouvel âge de la politique?», Magazine Littéraire, n° 264, 24-28.

❖ Jeunesse: la mouvance comme mode de vie

Jean-François RENÉ
Chargé de cours en travail social
Université du Québec à Montréal
et Université de Montréal

Cet article cherche à brosser un portrait de ce que nous pourrions appeler au sens large le «mouvement social jeunesse» au Québec. Après avoir brièvement présenté un certain nombre de notions clés pour la compréhension du texte, l'auteur aborde les différentes composantes du mouvement. S'ensuit alors une description des divers pôles: formels (organismes communautaires et action collective) et informels (réseaux de débrouilles plus ou moins légaux). Le texte se termine sur quelques pistes de réflexion alimentées par des ouvrages traitant de cette question.

À l'aube des années 90, que devient la jeunesse québécoise? Se regroupe-t-elle, se mobilise-t-elle encore? Si oui, comment, et sur quels terrains? C'est à ces questions que j'essaierai de répondre dans l'article qui suit. Ma présentation se fera en trois temps: je présenterai d'abord quelques notions essentielles à mon propos, et après avoir décrit les différents pôles qui m'apparaissent composer ce mouvement, je proposerai ensuite quelques pistes de réflexion inspirées des travaux d'auteurs qui se sont penchés ces dernières années sur les multiples transformations du social.

EN GUISE DE REPÈRES

Jeunesse

Parfois distinct de la notion d'adolescence, le concept de «jeunesse» se construit avec le siècle. Il renvoie moins à un âge biologique qu'à un temps de vie situé quelque part entre l'enfance et l'insertion dans le monde adulte. L'accès aux prérogatives qui accompagnent généralement cette insertion (emploi stable, vie de couple, etc.) sonne la fin de ce temps d'attente. C'est du moins l'itinéraire classique de la majorité des jeunes de sexe masculin. Or voilà que depuis la fin des années 70, cette période de «latence sociale» tend de plus en plus à s'allonger, séquelle de l'état de précarité dans lequel baignent de nombreux jeunes. Une telle précarisation institutionnalise ce qui initialement n'était qu'un temps d'expérimentations et de passage. De là l'allongement parfois bien au-delà de trente ans de la notion de jeunesse (Baethge, 1985; Chamboredon, 1985; Galland, 1984a, 1984b; René, 1987). Parallèlement, bien que l'emploi du terme se fera au singulier, je sous-entends que derrière ce vocable se cache une multitude d'itinéraires de vie, conséquence d'appartenances de classe, de sexe et de générations très diverses. Parler de mouvement de jeunesse, c'est donc s'employer à démontrer l'hétérogénéité des modes de vie propres à cette classe d'âge (Deniger, Gamache et René, 1986).

Mouvement social

En ce qui a trait au concept de mouvement, je me réfère aux travaux de l'italien Alberto Melucci. Pour l'auteur,

> [...] plutôt que de mouvements, on devrait parler d'espaces de rassemblement (espaces d'agrégation): il existe entre les jeunes, les femmes, dans le champ de l'écologie et de la contre-culture, un réseau «diffus» de groupes, de points de rencontre, de circuits de solidarité qui diffèrent profondément de l'acteur collectif organisé politiquement (Melucci, 1983: 14).

Ici, la structure proposée n'est pas sans rappeler celle «d'une nébuleuse aux confins incertains et à la densité variable» (1983: 14). Qui plus est,

> [...] sa définition inclut non seulement les organisations formelles, mais aussi les réseaux de relations informelles connectés à de plus larges espaces de participants (Melucci, 1984: 828).

C'est donc à cette conception du «mouvement» ou de «réseaux de mouvement» (Melucci, 1983: 15) que je me rattache dans les pages qui vont suivre.

Précarité

Parler de précarité, c'est avant tout décrire l'actuelle transformation du marché de l'emploi au Québec. C'est montrer combien les emplois permanents sont de plus en plus rares (Juneau, 1990: 12). Qu'ils sont largement remplacés par des emplois précaires, soit «tout emploi qui, contrairement à la forme commune de l'emploi, n'est pas de durée indéterminée» (Bernier, 1985: 84). Pensons aux emplois à temps partiel, à la pige, saisonniers, à contrat, au noir, etc. Ce sont surtout ces emplois qui sont disponibles aujourd'hui, et en tant que nouveaux arrivants sur le marché du travail, ils sont le lot de la majorité des jeunes. L'espace économique non précaire apparaît donc relativement étanche aux nouvelles générations et à leurs recherches d'insertion (René, 1987).

Mais la notion de précarité doit être également élargie à d'autres dimensions de la vie. Parlant des jeunes, Renée B. Dandurand souligne qu' «on a souvent oublié de considérer que se dégradaient aussi pour eux les conditions d'insertion à la vie matrimoniale et familiale » (1986: 119). Il importe donc de prendre en considération tant la présente mutation de la famille que l'instabilité actuelle des rapports amoureux (Dandurand, 1987; Demers, 1984; Poirier et Tremblay, 1989), comme autant de transformations qui altèrent les possibilités d'insertion. Conséquence de cette précarité aux multiples facettes: la perte de référents clairs. Comme le souligne Claudine Offredi:

> [...] le précaire est pris dans les mailles d'une normalité qui l'auto-référencie de façon double et contradictoire: c'est la référence possible à des représentations «traditionnelles» du modèle de l'intégration sociale; [...] c'est la référence pour le moins contrastée, au flou des valeurs, aux rapports à l'argent, au pouvoir, au travail qui tendent à ne plus situer les individus dans la société (Offredi, 1988: 29).

Toute vie qui foisonne

Une multitude de pratiques et de résistances composent le mouvement des jeunes au Québec. Ce foisonnement de groupes et de réseaux s'avère plein de richesses. Je traiterai d'abord du pôle des pratiques d'action volontaire, en le subdivisant en deux sphères: 1) celle des organismes de services et d'entraide; 2) celle des groupes plus revendicatifs, donc plus proches de l'action collective. Puis, je m'attarderai à un second pôle, celui des formes d'agrégations plus informelles et, parfois, plus illicites[1].

Le communautaire d'abord

Depuis une dizaine d'années, plusieurs centaines, voire des milliers, d'organismes s'adressant aux jeunes se sont développés, leur offrant des services et cherchant à les regrouper, que ce soit dans le monde du loisir, dans celui des sports, dans le cadre d'activités culturelles ou à l'intérieur du réseau des affaires sociales. Toutefois, et c'est ce qui nous intéresse particulièrement ici, ils sont quelques centaines de groupes qui diffèrent par leur philosophie, leurs objectifs et leurs moyens d'action des groupes dont je viens de faire mention. Il s'agit des organismes communautaires jeunesses (OCJ).

Dans ce cadre, il faut inscrire en tête de liste, par la force du nombre, les quelques 200 maisons de jeunes disséminées à travers le Québec et dont près de la moitié sont membres du Regroupement des maisons de jeunes du Québec (RMJQ), fondé en 1980. En expansion durant la dernière décennie, ces maisons se veulent des lieux de rencontre et d'animation qui, au-delà du simple loisir, permettent aux 12-18 ans de s'exprimer d'une

---

1. Même si je n'utilise pas ici une typologie très précise pour regrouper les divers secteurs du mouvement des jeunes, je tiens à souligner que je m'inspire d'un certain nombre de travaux publiés au cours de la dernière décennie. Ainsi, dans un article paru au début des années 80, le sociologue français Jacques Caroux écrit: «N'est-il pas plus pertinent de "lire" les différentes conduites exprimant l'exclusion, l'abdication civique, l'impuissance de ceux qui vivent leur société comme un ordre clos, comme étant une des réponses du social à l'enfermement politico-administratif de notre société et à sa "crise", l'autre réponse s'exprimant en termes de luttes démocratiques et œuvrant pour une ouverture institutionnelle de notre société, pour une reconnaissance de droits sociaux autonomes?» (1982: 157).

    Plus récemment, deux auteurs italiens proposent une sorte de typologie du social qu'ils présentent en quatre pôles, chacun occupant l'un des quatre points cardinaux; des pôles en continuelle interaction malgré un positionnement spatial distinct. D'un côté, 1) l'État et 2) le marché, représentant l'aspect formel de la société (une sorte d'institué); de l'autre, 3) les organismes volontaires et 4) les réseaux d'échanges informels, ces deux autres pôles occupant l'autre versant, le côté informel du social (l'instituant) (DONATI et COLOZZI, 1988).

    Ces deux derniers grands pôles (3 et 4), qui recoupent à bien des égards la proposition de Caroux, seraient en quelque sorte les réponses de la société civile à l'appropriation étatique du tissu social et l'extension des lois du marché propre au néo-libéralisme. La première réponse, celle des organismes volontaires ou plus largement de l'action volontaire, se jouerait sous le mode de la réappropriation démocratique; l'autre, celle des réseaux informels d'échange, étant plus de l'ordre de la réaction viscérale, de la débrouille économique, de la résistance au quotidien.

multitude de façons (activités culturelles, sportives, de plein air, créatrices etc.). Dans un autre champ d'intervention, celui de l'hébergement, notons l'existence d'une vingtaine de maisons à travers le Québec. Le Regroupement des maisons d'hébergement jeunesse du Québec (RMHJQ) chapeaute depuis 1987, année internationale des sans-abris, le travail de la plupart de ces maisons.

Par rapport à l'employabilité, soulignons l'apport des organismes spécialisés dans la réinsertion sociale et professionnelle des 16-30 ans. Ils sont une bonne cinquantaine à travers le Québec. Depuis 1984, ceux de la région de Montréal sont regroupés à l'intérieur de l'Association jeunesse travail du Montréal métropolitain (AJTMM). De tels regroupements existent également dans d'autres régions (Québec, Sherbrooke, Saguenay, Hull). Impossible également de passer sous silence le travail du Regroupement des organismes communautaires jeunesse du Montréal métropolitain (ROCJMM). Avec sa douzaine de groupes membres, dont le Bureau de consultation jeunesse, il se penche depuis la fin des années 70 sur diverses questions propres aux jeunes d'aujourd'hui.

Au-delà de ces grands regroupements s'ajoute la contribution de nombreux groupes d'envergure variable, et qui rejoignent les jeunes soit par le quartier, soit par une approche plus spécialisée (drogues, M.T.S., suicide). Parmi ceux-là, notons l'intervention des nombreux organismes de dépannage, que ce soit pour la bouffe ou le vêtement. Les exemples de ce genre sont nombreux: pensons au Resto-pop et au Café la Boustifable à Montréal, à la Chôm'hier à Sainte-Foy, etc. Au total, nous nous retrouvons donc avec plusieurs centaines d'organismes qui, malgré d'évidentes différences, peuvent être regroupés sous une même bannière, celle des organismes communautaires jeunesses (OCJ).

Mais qu'est-ce qui différencie un OCJ des autres organismes offrant des ressources aux jeunes? À l'occasion du premier colloque de ces organismes communautaires, tenu à Montréal durant l'Année internationale de la jeunesse (1985), une ébauche de définition est élaborée. Elle comprend les points suivants: 1) assurer la promotion «des organisations autonomes, nées des besoins de la communauté»; 2) favoriser une intervention qui se caractérise «par une relation d'aide bilatérale et par des rapports plus égalitaires»; 3) privilégier «une approche globale qui vise la prise de conscience par le jeune de son identité ainsi que son autonomisation»; 4) «Dépasser l'intervention de services, l'occupationnel et favoriser l'émergence d'espaces où les jeunes [...] sont acteurs et décideurs» (ROCJMM, 1986: 63-64). Résumons ces éléments: issus de la communauté et toujours en lien avec elle, les OCJ sont des organismes qui privilégient une approche qui part des besoins des jeunes et de leur potentiel. Le tout s'actualise à

travers une multitude d'activités qui, dans la mesure du possible, seront dé-
cidées et prises en charge par les jeunes eux-mêmes. Le jeune est donc
reconnu comme un sujet et un acteur qui, malgré certaines difficultés
ponctuelles, porte en lui de multiples possibilités dont il faut soutenir
l'expression (Vaillancourt *et al.*, 1987: 132).

Un tel parti pris n'a de sens que s'il s'accompagne, sinon d'un projet
de société, à tout le moins d'une critique minimale de la société dans laquelle
le jeune évolue. Jusqu'ici, chaque organisme élabore ses propres positions,
mais chacun pour soi, de sorte qu'il apparaît encore difficile pour les OCJ
de se donner un projet commun à tous les regroupements. Il semble toutefois
qu'il y ait place pour un partage des pratiques et la prise de conscience de
l'espace et du pouvoir qu'ils détiennent collectivement. Du moins, c'est ce
qu'avait permis le colloque de 1985, mais semblable expérience ne s'est pas
répétée depuis ce temps.

Globalement, cette sphère semble porteuse d'une importante recherche d'autonomie, d'un désir évident de vivre différemment l'intervention sociale. Elle peut être comprise comme une volonté plus ou moins avouée
d'ouvrir un espace démocratique, de créer une brèche dans le social-étatique.
À témoin, l'actuel essor des divers regroupements d'organismes jeunesse.
Et par ces tentatives plus organisées de reconnaissance, ces derniers se trouvent en quelque sorte à rejoindre la seconde sphère, celle des pratiques plus
revendicatrices.

Place à l'action collective

C'est en continuité avec la sphère précédente que s'ouvre donc cette partie.
Car si les organismes communautaires jeunesse se présentent d'abord
comme des groupes de services, nous venons de voir qu'ils se transforment
parfois en groupes de pression. D'abord revendicateurs d'une plus grande
reconnaissance par l'État de leur impact social, mais aussi, ponctuellement,
revendicateurs avec d'autres mouvements (je pense à tout le réseau des
organismes d'éducation populaire) d'une société plus équitable. Notons que
l'enjeu central actuel réside d'ailleurs dans leur capacité d'accéder à une plus
grande reconnaissance, et conséquemment à un financement plus important
et plus stable, tout en conservant la spécificité et l'autonomie qui accompagnent leurs pratiques.

Parmi les mouvements historiquement plus revendicatifs et où l'action
collective prime, le mouvement étudiant attire d'abord notre attention. Tant
dans les années 60 que dans les années 70, le mouvement étudiant québécois
fut de tous les combats, que ce soit pour défendre ses propres intérêts (luttes
pour l'accessibilité à l'éducation et les prêts et bourses), ou en tant que partie

prenante d'une multitude d'autres luttes sociales et politiques (question nationale, luttes ouvrières, luttes anti-impérialistes, mouvement des femmes). Les années 80 comportent aussi leurs luttes étudiantes, encore que largement axées sur le dossier des prêts et bourses et plus récemment sur la hausse des frais de scolarité. Toutefois, sans être inexistante, la mobilisation reste largement en deçà des deux décennies précédentes. Non pas que ce mouvement, aux multiples composantes, soit maintenant moribond. Nullement! À preuve, sa visibilité récente autour de la hausse des frais de scolarité. Ce qui est plus en cause, c'est la faiblesse de l'adhésion au mouvement et à ses organisations. Car si elles sécrètent toujours leur lot de militants et militantes, les organisations étudiantes arrivent difficilement à soulever leur base, et ce malgré l'importance des enjeux[2].

Les mêmes constats s'imposent sur d'autres terrains de mobilisation. Que l'on songe aux luttes du Regroupement autonome des jeunes (RAJ) autour de 1984-1986, à Scrap-Paradis au plan de la contestation de la réforme de l'aide sociale dans les années qui suivirent. Que l'on pense à la Jeunesse ouvrière chrétienne (JOC) qui continue tant bien que mal depuis de nombreuses années à défendre les droits des jeunes sans emploi. Là aussi, les enjeux sont énormes et les attaques aux droits sociaux, importantes. Pourtant, malgré la visibilité des porte-parole, la mobilisation des principaux intéressés demeure laborieuse.

Parallèlement, cependant, d'autres terrains sont investis, révélant une vitalité sociale certaine au sein de cette génération. Entre autres, beaucoup de jeunes manifestent un intérêt réel pour des questions aussi cruciales que l'écologie et la paix. Comme le soulignait un sondage récent fait auprès d'un peu plus d'un millier de jeunes âgés de 15 à 18 ans, ces deux préoccupations (environnement et guerre) viennent en tête des problèmes qu'ils considèrent actuellement comme très importants (Arsenault,1989: 30). D'autres sondages viennent corroborer cette constatation. Dans la pratique, cependant, notons que cela se traduit davantage par des gestes concrets, quotidiens, que par des formes de regroupements à caractère large et permanent.

Bien que les jeunes peuvent ponctuellement sortir dans la rue et même représenter la majorité des marcheurs, comme ce fut le cas à l'occasion de la Marche pour la paix à Montréal à l'automne 1989, ici comme ailleurs, les moins de trente ans se mobilisent essentiellement autour d'actions concrètes (recyclage dans les écoles, promotion de produits écologiques, alimentation plus saine, etc.). Comme pour les autres générations, ces

---

2. Les derniers ajustements apportés à ce texte furent écrits à la mi-février 1990, juste avant le déclenchement probable d'une grève nationale des étudiants autour de la question de l'augmentation des frais de scolarité. Ce passage aurait donc pu mériter certains ajustements à la lumière des événements.

grandes questions préoccupent, inquiètent même, mais devant le peu de prise et le sentiment d'impuissance qui les accompagne, ils sont rarement des acteurs très visibles. Tout se joue au niveau de la conscience, et prend corps à travers de petits gestes. C'est une sorte de volonté de «vivre autrement» qui s'enracine essentiellement dans la vie de tous les jours.

Dans le même sens, il faut noter la relative remontée des préoccupations nationalistes au sein des jeunes générations. Manifestement, la conjoncture actuelle a fait naître (et renaître) une identification plus tangible au fait français, en berne depuis le référendum de 1980. Mais encore une fois, c'est plus dans les écoles et les quartiers où l'on compte par dizaines les comités du Mouvement Québec français, que s'activent les jeunes générations. Exception faite de l'importante représentation des 15-30 ans à l'occasion de la grande manifestation de l'hiver 1989 dans les rues de Montréal (60 000 personnes), la visibilité ici-aussi demeure très ponctuelle.

Bien qu'apparemment moins présente dans la vie quotidienne que les deux précédentes questions, le féminisme n'est pas totalement absent des préoccupations des jeunes Québécois. Pour plusieurs jeunes femmes, le mouvement féministe demeure le lieu premier d'engagement, comme en font foi les comités femmes dans certains cégeps et universités. Et ici le militantisme ardent perdure, ce qui amène parfois les plus jeunes militantes à se frotter aux militantes plus expérimentées en décriant leur attentisme. Cette tension est apparue à l'intérieur de la Coalition pour le droit à l'avortement et s'est traduit à la fin de l'automne 1989 par une manifestation autonome des groupes de jeunes femmes. Cette manifestation distincte avait été suscitée par le Comité femme de l'Association nationale des étudiantes et étudiants du Québec (ANEEQ).

Enfin, il est impossible de terminer la présentation de cette seconde sphère sans dire un mot des pratiques culturelles à caractère alternatif. Souvent peu visibles, fonctionnant en collectifs ou en réseaux relativement informels, ces regroupements m'apparaissent plein de vitalité et souvent porteurs d'une vive critique sociale. Pensons à Ciel Variable, qui publie depuis déjà quelques années une revue qui trace un portrait à vif des splendeurs et misères de la vie urbaine nord-américaine. Textes et photos à l'appui, cette publication nous entraîne vers un monde composé d'individus plus ou moins isolés, parfois rebelles à toutes formes d'encadrement. C'est sur ce monde que nous allons nous arrêter dans les pages qui vont suivre.

Des réseaux informels et illicites

Le second pôle de ce qui compose l'actuel mouvement jeunesse renvoie plus que jamais à l'indicible, à la mouvance dans laquelle pataugent plusieurs jeunes. Difficile ici d'isoler des sphères distinctes: nous pénétrons dans un univers qui se conjugue sous le mode de la débrouille économique, des réseaux informels de survie, de la violence même.

La débrouille économique m'apparaît la première dimension à souligner. Ce thème a été largement abordé dans les ouvrages sociologiques québécois sur la jeunesse (Gauthier, 1988; Grell, 1985; Lazure, 1986; Lesage, 1986; René, 1986). Il renvoie à toute une série de pratiques de survie vécues soit individuellement, soit à l'intérieur de micro-réseaux. Parfois légales, ces débrouilles se nichent très souvent dans l'univers des transgressions économiques. Pensons tout particulièrement aux multiples jobines au noir qui sont le pain quotidien de bien des jeunes assistés sociaux ou en chômage.

Ces formes de débrouille varieront bien sûr en fonction des possibilités de chacun. Certes, force est de constater qu'il y a une distinction entre la pige au noir d'un jeune graphiste universitaire qui donne plus ou moins dans l'entrepreneurship, et les 40 heures non déclarées dans une usine de textile d'un jeune qui n'a pas terminé son cours secondaire. Des variations donc, qui renvoient à des itinéraires de vie distincts, modelés tant par le passé de chacun de ces jeunes que par leurs lieux d'ancrage actuel. Mais aussi des différences qui, si elles nous obligent à parler de «jeunesses au pluriel», en distinguant âge, classe, sexe et origine ethnique, ne nient toutefois pas la «centralité» du phénomène. Devant l'impossibilité de se trouver un emploi stable, bien des jeunes apprennent donc à «vivre autrement».

Malgré l'isolement de certains, ce «vivre autrement» entraîne aussi l'édification de multiples formes de solidarités. Dans son étude sur les jeunes chômeurs de la région de Québec, Madeleine Gauthier et son équipe montrent bien l'importance de ces solidarités. Elles peuvent se tisser autour de la famille et de la parenté, et passer par une panoplie de services, qui vont du soutien matériel à la garde d'enfants. Elles peuvent aussi prendre corps dans le réseau d'amis et se manifester de diverses façons:

> Les amis se refilent des emplois, un projet gouvernemental ou ils font la corvée pour la construction de la maison d'un copain. Certains partagent aussi les frais de logement s'ils ont quitté la famille (Gauthier, 1988: 118).

L'auteure souligne qu'ils ont pu entre autres observer

> [...] chez des jeunes femmes en apparence les plus démunies de la Basse-Ville, [...] la présence d'un réseau d'amitié et de solidarité féminines qui contrebalance le reste (Gauthier, 1988: 176).

Au-delà du travail au noir et des solidarités qui en découlent, ce «vivre autrement» se dirige aussi vers des réseaux et des transgressions plus dures:

prostitution, itinérance, gangs de jeunes, etc. Ici, la débrouille n'est pas toujours rose, et il ne faut surtout pas lui conférer des vertus qu'elle ne possède pas. Ainsi, tous les intervenants s'entendent pour parler d'un minimum de 5000 jeunes qui vivent plus ou moins dans la rue à Montréal. Peut-être faudrait-il doubler et même tripler ce chiffre (Cellier, 1984). Des adolescents fugueurs aux jeunes adultes itinérants, en passant par les petits revendeurs de drogues et les jeunes qui s'adonnent à la prostitution, voilà tout un monde qui vit d'expédients pour assurer sa survie, un monde où se font et se défont continuellement les solidarités, en fonction des exigences de ces débrouilles extrêmes. Plus récemment, notons l'apparition de gangs plus organisés. Ces réseaux semblent le moteur de plusieurs formes de déviance et de violence, soit en stimulant l'illégal (vols, prostitution, vente de drogues, etc.), soit en donnant carrément dans la guérilla idéologique comme le phénomène Skinhead (Ligue des droits et libertés, 1989).

QUE FAUT-IL RETENIR?

Ainsi s'achève ce portrait du «mouvement des jeunes au Québec». Plusieurs autres dimensions auraient pu être abordées, mais l'espace restreint m'oblige à me limiter à cette brève réflexion. Je concluerai en faisant ressortir les traits dominants de celui-ci.

À l'heure de la mouvance

Difficile de tracer clairement les contours de cette jeunesse. Comme le souligne F. Dubet, le monde des jeunes est un univers «métissé, recomposé d'un bric-à-brac culturel perçu de cette manière par les acteurs» (Dubet, 1987: 427). Avec sa multitude de pratiques, de résistances, de débrouilles et de styles, cette jeunesse prend moins le chemin du mouvement que de la mouvance aux confins indéfinissables. Cette structure rappelle la défini-tion de mouvement présentée au début de l'article:

> Les «réseaux de mouvements» présentent tous les traits d'une structure segmentée, réticulaire, polycéphale [...] il s'agit d'une structure «diffuse» ou, mieux, de «latence»; chaque cellule vit sa vie propre en complète autonomie par rapport au reste du «mouvement», même si elle maintient une série de liens à travers la circulation des informations et des personnes; ces liens deviennent explicites seulement à l'occasion des mobilisations collectives sur des enjeux à propos desquels le réseau latent remonte à la surface, pour ensuite s'immerger à nouveau dans le tissu du quotidien (Melucci, 1983: 15).

Le type d'expérimentation et de pratique au quotidien propre à la jeunesse québécoise rejoint bien l'idée de réseaux latents et submergés. Puis, par le biais de certaines démarches revendicatrices, l'action émerge ponctuellement (manifestations, regroupements). Elle autorise, autour de certaines grandes questions comme la réforme des services sociaux ou l'augmentation des frais de scolarité, à occuper un espace public et à faire ainsi pression sur le système politique. Pour Melucci, cette émergence et la médiation qui se créent alors avec le système politique permet d'éviter que «l'action collective contemporaine éclate vers la fuite expressive, les symboles vides ou vers la violence marginale, la déviance sans issue» (Melucci, 1983: 44). Cela dit, visibilité et latence se conjuguent toujours au présent. Tout se vit généralement au jour le jour, au ras du sol, sur des enjeux concrets, réalisables et proches des besoins personnels.

> En ce sens, le rassemblement [...] se produit dans le présent et ne poursuit pas d'objectif éloigné et inatteignable [...]; la solidarité du groupe n'est pas séparable de la recherche personnelle, des besoins affectifs de communication des membres, dans leur existence quotidienne (Melucci, 1983: 44).

Prenant à témoin la jeunesse italienne, Melucci précise qu'

> [...] il y a affirmation d'une parole qui n'entend plus être séparée des émotions, qui veut s'enraciner dans l'être plus que dans le faire et qui ainsi retourne à la pauvreté essentielle, aux ruptures et au vide de l'expérience profonde de chacun (1983: 19).

Vers une nouvelle culture?

Cette recherche affective et communicationnelle dont fait état Melucci rejoint les propos d'autres auteurs. Dans ses travaux sur la jeunesse allemande, Rainer Zoll croit percevoir dans la culture des jeunes la naissance d'une nouvelle éthique, une éthique où «la communication est la forme par laquelle les jeunes assimilent le monde et construisent une nouvelle culture» (Zoll, 1988). Cette «éthique discursive» rappelle à bien des égards les travaux de Michel Maffesoli sur la mouvance «néo-tribale», qui serait «caractérisée par la fluidité, les rassemblements ponctuels et l'éparpillement» et favoriserait «le rétrécissement sur le groupe et un approfondissement des relations à l'intérieur de ces groupes» (1988: 98 et 114).

Toutefois, s'il est possible que nous assistions à l'émergence d'une telle éthique, ce qui reste à vérifier de toute façon, une telle mutation a ses limites. Car sans être exclusive, elle m'apparaît d'abord et avant tout le fait d'une certaine jeunesse issue de la classe moyenne. C'est particulièrement chez elle que se manifeste ce désir de mieux vivre, la valorisation de l'être sur le faire. C'est particulièrement là que se crée et perdure, malgré la précarité, un certain espace d'expérimentation. Au-delà des fermetures économiques et sociales, ces jeunes arrivent à tirer adroitement les ficelles qu'offre la précarisation. Ce sont eux qui questionnent par leur vécu certaines des grandes valeurs propres à la société industrielle: centralité de l'éthique du travail, dominance masculine dans les rapports hommes-femmes, conquête de l'environnement, individualisme. Un peu comme si l'impossibilité d'accéder à part entière au monde des adultes les obligeait à développer de nouvelles formes de rapport au monde. Sans nier l'insécurité chronique qui entoure cet état de vie, il est donc pensable que de cet espace pourtant limité d'expressions et d'expérimentations surgissent des mutations sociétales plus profondes.

Mais, il n'est pas si certain non plus que cette nouvelle éthique à dominance communicationnelle rejoigne tous les jeunes. Le portrait qui précède nous montre que si la précarité sociale et économique peut parfois signifier entraide, elle annonce aussi misère et isolement. Pour beaucoup de ces jeunes, souvent sur l'assistance sociale, c'est alors la survie personnelle qui prime. Et une telle atomisation de l'être ne permet souvent guère plus qu'une communication minimale et passive, à la remorque de ce qui est imposé mass-médiatiquement. Pour ces nombreux jeunes, plus ou moins dépourvus de ressources individuelles, la fermeture sociale est alors entière. Perdure le présent, qui se conjugue autour de débrouilles très primaires, avec bien souvent en prime des problèmes de santé mentale (Plante, 1984). Nulle place ici pour expérimenter une nouvelle culture, si ce n'est celle de la pauvreté et de la rue.

Pris en quelque sorte entre la précarité de la vie et des grands problèmes sociaux, tels l'écologie, il ne reste donc bien souvent aux jeunes que l'espace du quotidien et ses agrégations horizontales pour se mobiliser. Un nouveau lien social se tisse parfois, une façon d'être-ensemble, qui permet de donner un sens à sa vie sans risquer d'y laisser sa peau. À l'orée du troisième millénaire, il semble bien que ce soit dans ce cadre que la mouvance jeune continuera à se déployer. Mais les limites sont évidentes et les exclus s'annoncent fort nombreux. Une ouverture s'impose d'emblée, au risque d'oublier au passage quelques générations.

Bibliographie

ARSENAULT, M. (1989), «Les valeurs des jeunes», L'actualité, juin.

BAETHGE, M. (1985), «L'individualisme comme espoir et danger: apories et paradoxes de l'adolescence dans les sociétés occidentales», Revue internationale des sciences sociales, vol. 37, n° 4.

BERNIER, Colette (1984), «Crise et précarisation de l'emploi: l'exemple du travail à temps partiel au Québec», dans BELLEMARE, Diane et Céline SAINT-PIERRE (sous la direction de), Les stratégies de reprise, Montréal, Éditions Saint-Martin.

CAROUX, Jacques (1982). «Des nouveaux mouvements sociaux à la dérobade du social?», *Cahiers internationaux de sociologie*, vol. 72.

CELLIER, Patrick (1984). «Quand une société jette sa jeunesse à la rue», *Santé mentale au Québec*, vol. 9 , n° 2.

CHAMBOREDON, Jean-Claude (1985). «Adolescence et post-adolescence: la «juvénisation», dans ALLEON, A. M., MORMAN, O. et S. LOBOVICI (sous la direction de), *Adolescence terminée, adolescence interminable*, Paris, Presses Universitaires de France.

DANDURAND, Renée B. (1986). «Jeunes et milieu familial», dans DUMONT, Fernand (sous la direction de), *Une société des jeunes*, Québec, Institut québécois de recherche sur la culture.

DANDURAND, Renée B. (1987). «La monoparentalité au Québec: aspects socio-historiques», *Revue internationale d'action communautaire*, n° 18/58.

DENIGER, Marc-André, GAMACHE, Jocelyne et Jean-François RENÉ (1986). *Jeunesses: des illusions tranquilles*, Montréal, VLB Éditeur.

DEMERS, Linda (1984). «Les jeunes et la famille au Québec: aspects démographiques», *Santé mentale au Québec*, vol. 9, n° 2.

DONATI, P. et I. COLOZZI (1988). «Institutional Reorganization and New Shifts in the Welfare Mix in Italy during the 1980's», dans EVENS, A. et H. WINTERSBERGER (sous la direction de), *Shifts in the Welfare Mix*, Vienne, European Centre for Social Welfare Training and Research.

DUBET, François (1987). *La galère: jeunes en survie*, Paris, Fayard.

GALLAND, O. (1984a). «La prolongation de la jeunesse: vers un nouvel âge de vie?», *Contradictions*, n°ˢ 40-41.

GALLAND, O. (1984b). «Précarité et entrées dans la vie», *Revue française de sociologie*, vol. 25.

GAUTHIER, Madeleine (1988). *Les jeunes chômeurs*, Québec, Institut québécois de recherche sur la culture.

GRELL, Paul (1985). *Étude du chômage et des conséquences: les catégories sociales touchées par le non-travail*, Montréal, Groupe d'analyse des politiques sociales, École de service social, Université de Montréal.

JUNEAU, Albert (1990). «Vers une société précaire», *Le Devoir*, 19 février.

LAZURE, Jacques (1986). «Les modes de vie des jeunes», dans DUMONT Fernand (édit.), *Une société des jeunes*, Québec, Institut québécois de recherche sur la culture.

LESAGE, Marc (1986). *Les vagabonds du rêve*, Montréal, Éditions du Boréal.

MAFFESOLI, Michel (1988). *Le temps des tribus, Le déclin de l'individualisme dans les sociétés de masse*, Paris, Méridien Klincksiek.

MELUCCI, Alberto (1983). «Mouvements sociaux, mouvements post-politiques», *Revue internationale d'action communautaire*, n° 10/50.

MELUCCI, Alberto (1984). «An end to Social Movements? Introductory paper to the sessions on new movements and change in organizational forms», *Social Science Information*, 23, 4/5.

MELUCCI, Alberto (1985), «The Symbolic Challenge of Contemporary Movements», *Social Research*, vol. 52, n° 4.

LA LIGUE DES DROITS ET LIBERTÉS (1989). *Le Mouvement Skinhead et l'Extrême-droite,* Montréal, LDT.

OFFREDI, Claudine (1988). «La précarité des années quatre-vingt ou un phénomène social en gestation dans la société», *Revue internationale d'action communautaire,* n° 19/59, printemps.

PLANTE, Marie-Carmen (1984). «La santé mentale des jeunes et le chômage», *Santé mentale au Québec,* vol. 9, n° 2.

POIRIER, Guylaine et Monique TREMBLAY (1988). *L'amour... dans de beaux draps!* , Montréal, Centre Saint-Pierre.

REGROUPEMENT DES ORGANISMES COMMUNAUTAIRES JEUNESSE DE MONTRÉAL MÉTROPOLITAIN (ROCJMM) (1986). *Plus que possible,* Montréal, ROCJMM.

RENÉ, Jean-François (1987). «La jeunesse et le social: lorsque le temps vacille et l'espace éclaté», *Les cahiers de la recherche sur le travail Social,* n° 13, Université de Caen.

VAILLANCOURT, Yves, BOURQUE, Denis, DAVID, Françoise et Édith OUELLET (1987). *La privatisation des services sociaux,* Annexe n° 37 du Rapport de la Commission Rochon, Québec, Les Publications du Québec.

ZOLL, Rainer (1987). «Vers une éthique discursive», dans C. LALIVE D'EPINAY et et R. SUE (sous la direction de), *Chômage, marginalité et créativité,* Genève, Centre européen de la culture, Université de Genève.

ZOLL, Rainer (1988). *Hypothèse d'un nouveau modèle culturel,* texte ronéotypé, non publié à ce jour.

Mouvements sociaux et pratique du travail social: les passerelles du changement social

Daniel TURCOTTE
CLSC des Côteaux

Dans cet article, l'auteur traite des liens possibles entre les praticiens et praticiennes des établissements du réseau et les membres des mouvements sociaux. Après avoir situé la place de ces mouvements, il identifie les contraintes que pose la pratique à la création de tels liens. Il suggère que ces échanges peuvent se révéler une source d'oxygène pour les praticiens en même temps que les intervenants des organisations communautaires peuvent y trouver des alliés.

Depuis son origine, la pratique du travail social a été marquée par l'opposition entre deux conceptions des problèmes individuels: une conception intra-psychique et une conception structurelle. La conjoncture actuelle marquée par la popularité croissante des perspectives critique, féministe et écologique pourrait laisser croire à l'émergence d'une pratique davantage axée sur la dimension structurelle des problèmes sociaux. Pourtant, ce n'est pas le cas: si l'analyse est plus sociologique, l'action demeure psychologique ou tout au plus micro-systémique. Cette observation, à prime abord contradictoire, s'explique en bonne partie par les contraintes avec lesquelles doivent composer les praticiennes; le système étatique de distribution de services s'appuie sur une approche individuelle et compartimentée des problèmes sociaux et les braves qui essaient d'aller à contre-courant sont rapidement ramenées à l'ordre[1].

L'articulation d'une pratique sociale basée sur une vision globale de la réalité de la clientèle, tant dans la définition du problème que dans la mise en place des solutions, exige de dépasser la correction des situations individuelles les plus criantes. La pratique sociale digne de ce nom doit favoriser et soutenir la «création de liens entre les individus ou les groupes et les systèmes de leur environnement qui peuvent servir leurs intérêts» (Carey-Bélanger, 1982: 214). Le défi qui se pose au travail social est donc de «dépasser l'individuel» (Bourgon, 1983). L'enjeu est de taille puisqu'une telle orientation va à l'encontre de la tendance à morceler et à standardiser la pratique (Deslauriers, 1989).

Une des avenues de changement qui s'offre aux praticiennes est l'établissement de liens avec les mouvements sociaux. Dans cet article, nous tenterons de voir quelles sont les contraintes que rencontrent les praticiennes dans l'établissement de ces liens de solidarité, et aussi quelles en sont les conditions favorables. Mais d'abord, il nous apparaît nécessaire de situer sommairement les mouvements sociaux en tant que leviers de transformation sociale.

LA PLACE DES MOUVEMENTS SOCIAUX

Les mouvements sociaux sont constitués à la fois d'un ensemble d'objectifs et d'une participation à une action collective. Ils prennent forme dans des groupes où les participantes sont gratifiées par l'expérience qu'elles y vivent autant que par la mission qu'elles accomplissent (Touraine, 1980: 147).

---

1. Commes les femmes composent la majeure partie des employés des services sociaux et des membres des groupes communautaires, l'auteur a décidé d'employer le féminin, étant entendu qu'il englobe le masculin.

Au-delà de leur dimension expressive, ils se présentent comme des «agents de conflits structurels d'un système social» (Touraine, 1984: 154). En ce sens, ils constituent des systèmes d'action orientés vers le changement culturel et idéologique, de par l'influence qu'ils exercent sur l'opinion publique.

Parfois plus culturels que politiques, ils apparaissent plus faibles que les mouvements politiques ou ouvriers auxquels ils succèdent. Au sein des mouvements sociaux, la recherche de la puissance par l'union cède le pas aux besoins d'autonomie et d'initiative: la richesse de la dispersion remplace la force du nombre. S'opposant à la concentration du pouvoir et à l'envahissement de la vie sociale par les appareils étatiques, les mouvements sociaux se donnent comme objectif de défendre les individus, les petits groupes et les minorités contre un pouvoir central tentaculaire. De plus, leur mode de fonctionnement est conforme à l'objectif qu'ils poursuivent: humaniser la société par le changement des mentalités. Ainsi, «chacun témoigne de sa rupture avec le monde froid de la stratégie et de la techno-bureaucratie par sa détente, sa recherche de la différence, sa contestation de toute forme permanente d'organisation» (Touraine, 1980: 148).

Généralement, le domaine de revendication des mouvements sociaux n'est pas d'abord le pouvoir économique, mais la zone d'autonomie laissée à chaque personne. Dans l'élargissement et la défense de cet espace de liberté culturelle et idéologique, ils s'en prennent à la technocratie dont la force repose sur sa capacité de définir et d'imposer des normes qui viennent régir le comportement des individus. Dans la planification technocratique, tout comportement marginal requiert une intervention corrective dont l'application relève des appareils d'État. C'est à ce niveau que se situe l'action des praticiennes sociales, entre la technocratie et les mouvements sociaux.

LES CONTRAINTES DU TRAVAIL SOCIAL

La «crise de légitimité» (Favreau, 1987) que traversent actuellement les services sociaux se traduit par une remise en question portant sur la nature des services à offrir et sur leur mode d'organisation.

Les services à offrir

Dans la foulée du néo-conservatisme, l'État invoque l'impossibilité de répondre à toutes les demandes. La question des services à offrir, et peut-être davantage, des services à supprimer, est au centre des débats: «Dans un contexte de restriction budgétaire et de rationalisation des services, il est normal que l'on veuille garder ce qui paraît essentiel dans les services et émonder ce qui paraît accessoire» (Brunet, 1987: iv). Les restrictions budgétaires imposées au réseau des services sociaux influencent à la fois «la nature des services à offrir, les clientèles à desservir, la façon de dispenser les services, la forme d'intervention à privilégier [...]» (Poulin, 1982: 49).

Les praticiennes assument aussi les conséquences de la réduction des services: elles voient les cas s'accumuler, les problèmes sociaux s'alourdir, les ressources s'effriter. L'impact de ces contraintes, exacerbé par des relations de travail tendues, font dire à certaines que les clientèles les plus à risque actuellement dans les établissement, ce sont les praticiennes elles-mêmes!

Le resserrement du contrôle

Si la pratique au sein des CLSC laisse encore subsister des secteurs d'autonomie (cela ne devrait pas durer très longtemps avec les changements qui s'annoncent), celle des CSS apparaît de plus en plus soumise aux contraintes du taylorisme et de la bureaucratisation. Le mouvement de différenciation du travail social se traduit par le morcellement vertical et horizontal des interventions. D'une part, le processus d'intervention est décomposé: chaque praticienne se voit confier la responsabilité d'une étape particulière du processus: réception des signalements, évaluation, prise en charge, révision. D'autre part, la réalité des clients est compartimentée en autant de sphères isolées dont la définition porte soit sur les étapes de vie (enfance, adolescence, âge adulte, troisième âge), soit sur la nature des problèmes rencontrés (maladie transmise sexuellement, perte d'autonomie, abus sexuel, etc.).

Loin de s'atténuer, ce mouvement de différenciation des tâches tend à prendre de l'ampleur. La dernière trouvaille consiste à substituer l'intelligence artificielle au jugement des praticiennes: l'informatique devient ainsi le moyen par lequel les «experts» transmettent leur capacité décisionnelle. La mise en place de systèmes experts informatisés de prise de décision est la nouvelle façon d'augmenter la productivité des intervenantes. Comme les gestionnaires estiment que seuls les «experts» relativement peu nombreux peuvent remplir certaines tâches d'interprétation dans des situations le moindrement complexes, l'application de la *Loi sur la protection de la jeunesse* fournit le prétexte et l'informatisation devient le moyen privilégié pour étendre la présence de ces experts (Ajenstat *et al.*, 1988). Cette tendance n'est pas nouvelle: dès 1987, un numéro de la revue *Service social* relatait quelques expériences d'utilisation de l'informatique au niveau de l'intervention psychosociale (Gripton *et al.*, 1988; Lalande-Gendreau et Turgeon-Krawczuk, 1988).

Dans un contexte de problèmes sociaux grandissants et de ressources humaines décroissantes, l'informatisation peut sembler intéressante à première vue et les praticiennes peuvent y voir un assouplissement de leur charge de travail. Par contre, il ne faut pas sous-estimer le risque toujours présent que l'utilisation de l'ordinateur ne fasse que transposer les principes de la rationalisation du travail, mais d'une façon encore plus pernicieuse. Le contrôle électronique vient remplacer le contrôle hiérarchique, en se drapant sous le voile de la neutralité scientifique et de la compétence de l'expert invisible.

> L'œil électronique a remplacé l'œil du maître et du superviseur mais il est plus pernicieux; ce qui s'explique par le fait que l'informatisation du travail et les technologies qui l'accompagnent portent plus que jamais les stigmates de la neutralité scientifique et de la rationalisation technique (Saint-Pierre, 1985: 40).

Dans un contexte où l'opposition est faible et la motivation vacillante, l'accroissement du contrôle bureaucratique affecte davantage les liens entre les praticiennes et leur milieu. D'une part, la rationalisation de l'organisation du travail et le resserrement du contrôle ont pour effet de les confiner au cadre restrictif de la pratique institutionnelle qui fait obstacle à l'établissement de liens fructueux avec le milieu. D'autre part, la conception techno-scientifique sur laquelle s'appuie une pratique parcellisée, fragmentée, spécialisée (et éventuellement informatisée) du travail social fait abstraction du caractère profondément particulier de chaque situation individuelle. Une approche purement technique de l'intervention suscite chez la clientèle un sentiment d'étrangeté face aux praticiennes qui leur apparaissent insensibles à leurs besoins. Et la réaction première de la clientèle est d'attribuer la responsabilité de ces «mauvaises pratiques» aux praticiennes, non aux établissements. Ces témoignages tirés de l'étude de Godbout et al. (1985: 55) en fournissent une illustration éloquente:

> Le plus gros problème du jeune par rapport au réseau, c'est le travailleur social. Il travaille pour le bien du jeune avec une idéologie scientifique. La religion plus la science, c'est ce qu'il y a de pire pour éloigner quelqu'un du milieu.

> Ils [les travailleurs sociaux] sont trop centrés sur leur procédure; ils ne prennent pas le temps de nous informer de nos droits et d'ailleurs, ils n'aiment pas les parents informés.

Écrasées par leur charge de travail, surveillées de l'intérieur, critiquées de l'extérieur, plusieurs praticiennes sont tentées de se retrancher derrière un conformisme qui, sans être confortable, permet à tout le moins de préserver ses énergies: «On met sa coquille et on file.»

ÉTABLIR DES LIENS AVEC LES MOUVEMENTS SOCIAUX

Les différents regroupements avec lesquels les praticiennes sont en contact (groupes d'entraide, organisations populaires, organismes communautaires) peuvent se révéler des alliés dans l'exploration de nouvelles pratiques. Ces regroupements constituent en effet les méso-systèmes où l'institutionnel et le mouvement social se rencontrent, des points de chevauchement des services publics et des services communautaires par lesquels les praticiennes peuvent nouer des liens avec les mouvements sociaux. Les zones d'interface existent, elles sont nombreuses et variables (Lamoureux et Lesemann, 1987b). À ce niveau, des possibilités sont ouvertes: «Des collaborations précieuses, des projets conjoints, des soutiens réciproques, des échanges de services, des expériences de partenariat égalitaire sont possibles» (Lamoureux et Lesemann, 1987a: 205).

De telles relations sont principalement le fait des personnes qui les tissent: «Si les relations entre établissements et organismes sont rarissimes, les relations entre personnes œuvrant dans un même secteur sont nombreuses» (Godbout *et al.*, 1987: 79). Ces rapports dépendent de l'initiative des personnes qui n'hésitent pas à contourner les règles bureaucratiques; mais elles trouvent dans ces espaces de liberté une source de pouvoir leur permettant de transformer ou tout au moins d'influer sur les modes de pratique auxquels elles sont astreintes dans leur travail quotidien. Ces liens se révèlent une source «d'oxygène» pour les praticiennes, en leur permettant d'élargir leurs possibilités d'action, car ils ouvrent la possibilité d'associer les problèmes individuels à des enjeux collectifs. Se pose cependant la nécessité d'identifier les conditions qui rendent possibles ces passerelles entre les praticiennes et les mouvements sociaux.

> On s'organise malgré la structure. On a l'impression que c'est pas ce qu'on nous demande de faire. On est de plus en plus chapeauté par des lois. On a l'impression qu'on nous demande d'être simplement des exécutants (Propos rapportés dans Lamoureux et Lesemann, 1987a: 120).

La nécessité de contourner les règles bureaucratiques ne constitue toutefois pas la seule exigence à l'établissement de rapports harmonieux: ces liens requièrent une «communication étroite entre les professionnels et les groupes communautaires d'un milieu donné et un appui réel à ces groupes de la part des institutions» (Laforest *et al.*, 1989: 295). Il convient toutefois de se demander si on retrouve actuellement les conditions favorables à de tels rapports; à mon avis, trois conditions apparaissent nécessaires mais ne se rencontrent pas toujours.

Contrairement à ce qui arrive encore trop souvent, les relations entre les praticiennes du réseau et les intervenantes des organismes communautaires doivent s'inscrire dans des rapports égalitaires basés sur la reconnaissance de l'apport original et spécifique de chacune. Une des particularités des organismes communautaires est leur proximité avec les besoins des personnes qu'elles représentent, et c'est une des raisons pour lesquelles les établissements du réseau n'arriveront jamais à les remplacer: ce sont des lieux autogérés et démocratiques «[...] où il est possible de cheminer dans des démarches multiformes, polyvalentes; lieu d'appartenance, près des besoins et des cultures» (Lamoureux et Lesemann, 1987a: 175).

Les praticiennes peuvent notamment tirer profit de leurs contacts avec les mouvements sociaux pour affiner leur connaissance des besoins de leur communauté, infléchir les rapports de leur établissement avec la communauté et contrer une certaine insensibilité à l'endroit des particularités de la clientèle. Une telle attitude est d'ailleurs fortement souhaitée par les membres des organismes communautaires qui, trop souvent, déplorent l'éloignement des praticiennes:

> [...] ce que les répondants nous ont semblé souhaiter d'abord, c'est que [...] les employés d'un établissement public redeviennent aussi solidaires du milieu qu'ils desservent que de l'institution qui les emploie. Ils ont déploré cette faible solidarité qui a été progressivement rognée au profit d'une identification à l'institution et à sa «culture», et remplacée par une adhésion idéologique à des idées comme les vrais besoins, la prévention, etc. (Godbout et al., 1987: 149).

Il faut toutefois souligner que malgré l'expression de cette volonté de rapprochement, les représentants des organismes communautaires ne font pas toujours preuve de toute l'ouverture nécessaire à l'établissement de ces liens de collaboration. Si les praticiennes résistent parfois à l'appel des groupes communautaires, l'inverse est aussi vrai: la praticienne animée des meilleures intentions est souvent perçue comme l'intruse de l'État qui veut les contrôler de quelque façon ou qui veut profiter de leur travail. Craignant d'être utilisées par le réseau, les intervenantes des organisations populaires accueillent la praticienne avec méfiance, condescendance, et parfois même avec agressivité. Force est de reconnaître que la véritable collaboration ne peut s'installer que graduellement, à travers un lent processus d'apprivoisement, d'échange et d'action commune.

En second lieu, les praticiennes doivent éviter de reproduire la tendance actuelle qui consiste à considérer les organismes communautaires comme un déversoir du trop-plein du réseau. En effet, celles-ci ont été souvent échaudées par la conception de la complémentarité qui prévaut dans les organismes publics et qui consiste à les utiliser comme ressource de sous-traitance du réseau. Elles se perçoivent souvent comme un «déversoir», une «poubelle», un lieu de «dumping» comme l'illustrent ces propos rapportés par Lamoureux et Lesemann:

> On sert de déversoir, surtout le vendredi soir à 4 heures. [...] C'est enrageant ce type de mépris pour nos ressources (1987a:150).

> C'est l'attitude qui compte. On le sait, on le sent quand on est une poubelle. Il y a des abus grossiers. On reçoit toujours des cas d'hébergement à 4 h 30, le vendredi par -30 C. [...] C'est quand on doit récupérer les manques, les trous dans le système et qu'on ne peut pas que c'est pire (1987a: 150).

À la lumière de l'insatisfaction qui se profile derrière ces témoignages, on comprend mieux la méfiance et la froideur dont font preuve certaines intervenantes des organismes communautaires à l'égard du réseau. En tant que médiatrices entre le réseau, les organismes et la clientèle, les praticiennes peuvent contribuer à la reconnaissance de ce rôle en freinant les ingérences, en favorisant les rapprochements et en reconnaissant les spécificités respectives. Par contre, les intervenantes du milieu communautaire doivent reconnaître leurs alliées dans les établissements du réseau. Si l'organisme des services les a souvent déçues, cette responsabilité n'incombe pas en premier lieu aux praticiennes: au même titre que les intervenantes des organismes communautaires, elles sont victimes des exigences avec lesquelles elles doivent composer.

Une collaboration fructueuse entre les praticiennes et les organismes communautaires pose comme troisième exigence de sortir du cadre de la logique technocratique qui s'accompagne d'une volonté de tout prévoir, classifier, ranger. Il faut reconnaître la valeur de la diversité, l'intérêt de l'imprévu, la pertinence de la spontanéité. Les praticiennes ne doivent pas tenter de modeler l'action des organismes communautaires à la pratique professionnelle; elles doivent au contraire reconnaître et valoriser leur mode d'action souvent plus près des besoins immédiats des personnes, parce que moins structurés et plus souples, donc plus adaptables.

LA RÉSISTANCE

Alors que l'intervention se décompose et que les contrôles se multiplient, les praticiennes en travail social ont souvent l'impression que le changement, la nouveauté, l'innovation sont choses du passé. Devant l'absence de solution de rechange, plusieurs en viennent à se désintéresser de leur propre pratique: les échanges s'atténuent, le perfectionnement perd de son intérêt, l'isolement s'accentue. Malgré ce climat général «d'impuissance et de morosité [...] certains intervenants tentent de développer des stratégies pour résister à cette déqualification, pour retrouver leur autonomie professionnelle et créer des liens avec les usagers» (Mayer et Groulx, 1987: 63). Derrière l'essoufflement et la colère sourde, il y a toujours cette volonté d'aider les personnes qui produit encore l'étincelle qui allume une nouvelle détermination, qui redonne le goût du différent et de l'inédit. Mais pour persévérer dans cette voie, il faut de la détermination, car l'utilisation de sa marge de manœuvre est souvent épuisante: ramer à contre-courant n'est pas facile et la distance parcourue, pas toujours proportionnelle à l'énergie dépensée. Il est donc important d'avoir des alliées sur le rivage.

L'établissement de liens avec les mouvements sociaux constitue une avenue d'action pour renverser le processus d'aliénation que subissent les praticiennes dans leur travail. Les mouvements sociaux représentent en effet l'illustration concrète que même dans un contexte social où tout semble structuré, planifié, prédéterminé, des «espaces d'autonomie» sont possibles (Klein et Tremblay, 1989). Dans la mesure où par le passé les groupes communautaires se sont souvent révélés des laboratoires d'où ont émergé de nouvelles pratiques, le développement du secteur communautaire ouvre la possibilité d'un renouvellement de la pratique du travail social.

CONCLUSION

La situation actuelle nous apparaît toutefois contenir les germes d'une nouvelle tension entre les travailleurs sociaux. Cette tension ne repose plus sur l'opposition entre les approches collective et individuelle, mais bien sur le degré de proximité avec les mouvements sociaux. Il ne s'ouvre guère de postes au sein du réseau, de sorte que les jeunes praticiennes se retrouvent surtout dans les organismes communautaires. Leur discours laisse clairement entrevoir les assises d'une nouvelle division au sein de la profession: selon leurs propos, à la pratique intégrative, technocratisée, traditionnelle, mais payée, s'opposera une nouvelle pratique innovatrice, spontanée, souple et surtout plus proche des gens. Cette vision manichéenne n'est cependant pas toujours conforme à la réalité: on retrouve dans le réseau tout autant que dans le milieu communautaire, des praticiennes soucieuses de transformer les rapports sociaux par l'élargissement des droits démocratiques.

La tension qui se dessine comporte sa part de risque; elle peut conduire à un dialogue de sourds qui éliminera toute possibilité de coopération entre le réseau et le communautaire. Toutefois, elle peut également constituer pour le travail social l'occasion de se donner un nouveau souffle au sortir de la période de l'État-providence. Si l'étatisation des services sociaux a entraîné l'assujettissement de la pratique du travail social aux impératifs de la rationalité technocratique, la conjoncture des années 90 apparaît favorable à «l'autonomisation». Ce mouvement comporte le développement de liens de collaboration entre les praticiennes du réseau et les intervenantes des mouvements sociaux. Si les expériences actuelles sont prometteuses, elles n'en restent pas moins vulnérables; elles originent généralement d'initiatives fragiles qui reposent sur des compromis souvent remis en question. Les occasions existent, mais il ne faut pas négliger les obstacles.

Bibliographie

Ajenstat, J., Frenette, M. et A. Saint-Pierre (1989). «Système expert d'aide à l'intervenant social», *Service social*, vol. 38, n°ˢ 2-3, 297-315.

Bourgon, M. (1983). «Dépasser l'individuel», dans Arsenau. J. et al., *Psychothérapies, attention!*, Montréal, Québec Science, 143-156.

Brunet, J. et al. (1987). *Rapport du comité de réflexion et d'analyse des services dispensés dans les CLSC*, Québec, ministère de la Santé et des Services sociaux.

Carey-Bélanger, E. (1982). «Le service social dans une perspective critique: un paradigme», *Service social*, vol. 32, n°ˢ 2-3, 203-216.

Deslauriers, J.-P. (1989). «Honneur aux rebelles», *Service social*, vol. 38, n°ˢ 2-3, 263-269.

Favreau, L. (1987). «Le travail social à l'aube de 1990: nouvelles tâches et remise en question des approches de formation», *Service social*, vol. 36, n°ˢ 2-3, 478-491.

Godbout, J. T., Leduc, M. et J.-P. Collin (1987). *La face cachée du système*, Commission d'enquête sur les services de santé et les services sociaux, annexe n° 22, Québec, Les Publications du Québec.

Gripton, J., Licker, P. et L. De Groot (1988). «L'utilisation des ordinateurs et l'intervention clinique en service social», *Service social*, vol. 36, n° 1, 68-97.

Klein, J.-L. et P.-A. Tremblay (1989). «Les mouvements sociaux et leurs espaces d'autonomie: le local renouvelé», *Nouvelles pratiques sociales*, vol. 2, n° 1, 99-112.

Laforest, M., Legault, G., Mathieu, R. et M. Poulin (1989). «La réaction du RUFUTS au rapport de la Commission Rochon», *Service social*, vol. 38, n°ˢ 2-3, 282-296.

Lalande-Gendreau, C. et F. Turgeon-Krawczcuk (1988). «Un logiciel d'intervention psycho-social, pourquoi pas?», *Service social*, vol. 36, n° 1, 96-110.

Lamoureux, J. et F. Lesemann (1987a). *Les filières de l'action sociale*, Commission d'enquête sur les services de santé et les services sociaux, annexe n° 24, Québec, Les Publications du Québec.

Lamoureux, J. et F. Lesemann (1987b). «Les filières de l'action sociale», *Programme de recherche: recueil de résumés*, Commission d'enquête sur les services de santé et les services sociaux, Québec, Les Publications du Québec, 297-304.

Mayer, R. et R. Groulx (1987). *Synthèse critique de la littérature sur l'évolution des services sociaux au Québec depuis 1960*, Commission d'enquête sur les services de santé et les services sociaux, annexe n° 42, Québec, Les Publications du Québec.

Poulin, M. (1982). «Prospective sur la gestion des services sociaux des années quatre-vingt au Québec», *Service social*, vol. 31, n° 1, 7-50.

SAINT-PIERRE, C. (1985). «Informatisation et disciplinarisation du travail: du fouet au logiciel en passant par l'O.S.T.», *Le contrôle social en pièces détachées,* actes du colloque de l'ACSALF, Montréal. Association canadienne-française pour l'avancement des sciences, 33-46.

TOURAINE, A. (1980). *L'après socialisme,* Paris, Seuil.

TOURAINE, A. (1984). *Le retour de l'acteur,* Paris, Fayard.

Les fonds de solidarité
des groupes populaires

Denis PLAMONDON
Département des sciences humaines
Université du Québec à Chicoutimi

L'article nous présente une formule de financement qui s'est développée dans trois régions du Québec: un fonds populaire de solidarité. Les trois fonds se caractérisent par une rupture avec Centraide et une volonté de développer un instrument autonome de financement. Après avoir dégagé l'impact de ces fonds, l'auteur s'intéresse aussi à leurs limites. Il conclut sur l'avenir des fonds populaires, avenir qui s'inscrit autour de trois dimensions indissociables: la nécessité d'un autofinancement minimal, une stratégie adaptée en rapport avec Centraide et le rôle de l'État dans le soutien financier de l'action communautaire.

Lors de la dernière négociation provinciale du gouvernement du Québec avec la Fédération des infirmières et infirmiers du Québec, en septembre 1989, le gouvernement offrit «généreusement» le fruit des amendes des syndiqués aux divers organismes communautaires. Ce cadeau empoisonné fut publiquement refusé par le Mouvement d'éducation populaire et d'action communautaire du Québec (MEPACQ) [1]. De plus, cet organisme profita de la circonstance pour dénoncer un tel faux-fuyant et rappeler au gouvernement sa responsabilité dans le financement des organismes communautaires.

Quelques semaines plus tard, la Coalition des organismes communautaires du Québec (COCQ), qui regroupe à peu près tout ce qu'il y a de groupes communautaires au Québec, fit du 30 octobre «une journée de mobilisation et de visibilité»: suspension des services, visite des bureaux des députés, sensibilisation du public, etc. Dans son tract de mobilisation, la COCQ justifiait ainsi cette action d'éclat: «Malgré l'importance croissante du rôle joué par les groupes communautaires et populaires du Québec, leur autonomie et leur survie financière restent précaires et constamment remises en cause.»

Un financement stable et régulier constitue donc un enjeu crucial pour la survie même des organisations populaires. Au cours des quinze dernières années, trois régions au Québec se sont données un instrument collectif de financement autonome: un fonds populaire. Ce fut d'abord la région de Québec (1974), puis l'Outaouais (1981) et enfin le Saguenay–Lac-Saint-Jean (1984) [2]. Cet article retracera leur développement respectif. Après avoir dégagé l'impact et les limites de l'expérience, nous tenterons d'entrevoir l'avenir de ces fonds tout en envisageant d'autres avenues que le mouvement populaire pourrait emprunter.

UNE RUPTURE AVEC CENTRAIDE

La mise sur pied du fonds provient d'abord d'une expérience décevante avec Centraide. Au printemps 1974, quatre groupes populaires de Québec, soit l'Association coopérative d'économie familiale (ACEF), le Groupement des

---

1. Le 6 septembre 1989, par le décret 1473-89, en application de l'article 20 de la Loi assurant le maintien des services essentiels dans le secteur de la santé et des services sociaux, le gouvernement du Québec désignait les divers organismes qui allaient bénéficier des amendes et mandatait les divers Conseil régionaux de la santé et des services sociaux (CRSSS) pour recevoir ces sommes d'argent et les acheminer aux organismes. Deux jours plus tard, le 8 septembre, le MEPACQ diffusait son communiqué: «Les groupes communautaires ne sont pas à vendre.»

2. Je tiens à remercier les trois personnes-ressources suivantes qui ont bien voulu me documenter sur leur fonds populaire respectif: Christian Trudeau (Outaouais), Gilles Fontaine (Québec) et Jean Richard (Saguenay–Lac-Saint-Jean).

locataires du Québec Métro (GLQM), les Comités de citoyens de l'Aire 10 et de Saint-Sauveur apprennent avec stupéfaction qu'ils ne recevront que 15 800 $ de la Plume rouge, soit 55 % de moins que l'année précédente, alors que leur demande se chiffrait à près de 45 000 $. «La vie de certains groupes, particulièrement celle du GLQM, était en danger. Il fallait réagir» (Pilon, 1982: 19).

À peu près dans le même temps, les groupes populaires de l'Outaouais dressent un constat similaire. À partir de 1971, quatre groupes communautaires (ACEF, Centre d'animation familiale, service d'aide aux couples, chantiers éducatifs) essuieront refus sur refus. À la Table des Organismes volontaires d'éducation populaire (OVEP), qui rassemble plus de 30 organisations, les groupes identifient Centraide comme leur ennemi commun. En fait, Centraide-Outaouais ne subventionne plus aucun des groupes membres de la table des OVEP, sauf l'ACEF et encore tout récemment (Poirier, 1987). Le Saguenay–Lac-Saint-Jean va faire la même expérience: Centraide, qui prend son envol dans cette région, se donne des critères qui éliminent tout groupe à visée politique, et tout groupe de revendication est automatiquement classé «politique».

UN INSTRUMENT AUTONOME: UN FONDS DE SOLIDARITÉ

Par suite de cette rebuffade de Centraide, les quatre groupes populaires de Québec décident, en 1974, de se doter d'un moyen d'autofinancement: le Fonds de solidarité des groupes populaires du Québec métropolitain. En 1981, la table des OVEP de Hull va mettre sur pied le Fonds populaire de solidarité de l'Outaouais en s'inspirant de l'expérience de Québec. Dans la foulée de ces deux expériences, la région du Saguenay–Lac-Saint-Jean décide aussi de se construire, en 1984, un instrument d'autofinancement: le Fonds populaire de solidarité des groupes du Saguenay–Lac-Saint-Jean.

Qu'entend-on par autofinancement? Si on se réfère au projet de Hull dont la formulation rejoint celle des deux autres régions, la proposition de fondation du fonds précise que «le fonds vise ainsi à ce que ses membres développent dans la solidarité leurs propres moyens de financement sur lesquels ils auront plein contrôle». En bref, les fonds populaires se distinguent des autres sources de financement en ce qu'ils sont gérés par et pour les groupes populaires. Tous les groupes membres doivent consacrer de l'énergie à la campagne de sollicitation. À Québec et à Hull, chacun des groupes doit en plus assumer une activité spécifique de financement (épluchette de blé d'Inde, vente de garage, etc.). Ces activités de financement assumées par les militants ou bénévoles des divers groupes ne sont pas sans importance: par exemple, dans l'Outaouais, le tirage rapporte jusqu'à 23 % des revenus du Fonds. Enfin, l'argent recueilli est partagé également entre les différents groupes membres dans les trois régions.

À l'usage, trois catégories de donateurs ressortent: les communautés religieuses, les syndicats et les individus. À titre indicatif, voici un tableau qui illustre la part respective de chacune dans la campagne de financement pour l'année 1989.

	Communautés	Syndicats	Individus
Québec	14 500 $ (32 %)	14 000 $ (31 %)	10 200 $ (23 %)
Outaouais	13 525 $ (30 %)	3 990 $ (9 %)	5 363 $ (12 %)
Saguenay–Lac-Saint-Jean	5 325 $ (41 %)	2 505 $ (20 %)	2 108 $ (16 %)

Il faut noter que dans l'Outaouais, la part des communautés serait encore plus importante si on comptabilisait, dans les revenus, le financement de la permanence du fonds entièrement assumé par des communautés religieuses.

Les fonds, du moins ceux de Québec et de l'Outaouais, disposent aussi d'un outil non négligeable: ils sont reconnus comme organisme charitable et peuvent émettre un reçu pour usage fiscal. Ce reçu est surtout utile pour la sollicitation auprès des individus: même si les déductions fiscales sont moins importantes que par le passé, cela donne de la crédibilité auprès des différents donateurs et les assure qu'il y a un certain contrôle, puisque le fonds doit produire des rapports.

L'obtention et le maintien de ce statut n'ont pas été sans heurt, surtout pour des groupes revendicatifs. D'une part, le Fonds de Québec a même dû modifier quelque peu sa charte et s'assurer que plusieurs de ces groupes se prévalent aussi d'un tel statut; d'autre part, celui de l'Outaouais se conforme aux règles de l'impôt «en finançant» les projets de ses groupes membres plutôt que de «leur distribuer» de l'argent. Le Saguenay–Lac-Saint-Jean, après deux tentatives infructueuses, n'a pas persévéré dans ses démarches.

IMPACT ET LIMITES DES FONDS POPULAIRES

Les fonds populaires nous semblent avoir un impact significatif pour les groupes en regard de trois dimensions: ils représentent la consolidation de la solidarité, une police d'assurance sur leur survie et, enfin, le développement d'une expertise dans la cueillette de fonds. Le Fonds est un lieu de rencontre régulier et permanent pour les groupes: l'assemblée générale, le conseil d'administration, le comité de campagne. À Québec, le souper du Fonds est devenu au cours des années une occasion privilégiée, pour les militants et militantes du mouvement populaire et particulièrement leurs alliés du mouvement syndical, de fêter leur solidarité; l'événement rassemble jusqu'à 800 personnes. Toujours à Québec, le Fonds consacre 10 % de ses revenus à des projets soumis par des organismes externes (démarrage d'un groupe, lutte ponctuelle, etc.): ces groupes apprivoisent ainsi le Fonds et deviendront d'éventuels partenaires.

Dans l'Outaouais, la table ronde des OVEP a le même membership que le Fonds depuis 1973. Elle sollicite collectivement la subvention auprès du ministère de l'Éducation comme de la Commission scolaire régionale de l'Outaouais. De plus, deux organismes extérieurs sont associés au Fonds à titre de groupes de solidarité, et ils participent à l'organisation sans requérir de financement: le comité d'éducation du Conseil central de la Confédération des syndicats nationaux (CSN) et Développement et Paix.

Le Fonds a aussi pour effet de garantir un minimum vital aux groupes. Par exemple, quatre groupes populaires du Fonds de Québec appréhendent pour 1989 des compressions de Centraide; le seul groupe du Fonds du Saguenay–Lac-Saint-Jean qui recevait une petite subvention de Centraide a subi des réductions budgétaires. De plus, depuis quelques années, les subventions accordées aux OVEP sont gelées. Le Fonds demeure l'appui le plus fiable, même si ses moyens demeurent modestes avec des objectifs en 1989 de 50 000 $ à Québec et dans l'Outaouais et de 15 000 $ au Saguenay–Lac-Saint-Jean. Enfin, le Fonds permet aux groupes populaires de développer leur propre expertise dans le domaine de la sollicitation: gestion de banques de donateurs, recherche de nouvelles cibles, création d'activités de financement, etc. À Québec, le fonctionnement du Fonds est informatisé: mise à jour constante de la banque qui gère les adresses, les montants souscrits, les «contacts». Cette technologie est aussi partagée avec des groupes qui l'utilisent pour garder leur liste de membres à jour.

L'expérience des fonds populaires comporte aussi ses limites. Contrairement aux vœux de plusieurs de ses fondateurs, les fonds populaires ne sont jamais devenus une source réelle d'autonomie financière, mais sont plutôt demeurés un complément de financement. À Québec, la part du fonds dans le financement des groupes vient au troisième rang, après Centraide et la Direction générale de l'éducation des adultes (DGEA). Au Saguenay–Lac-Saint-Jean comme à Hull, le fonds vient bien après la DGEA. De plus, les coûts de fonctionnement demeurent importants. Les fonds sont donc confrontés à un dilemme: d'une part, les trois expériences démontrent que sans un permanent à temps plein, le projet n'atteint pas ses objectifs et d'autre part, la permanence gruge une part importante des ressources.

Le problème a été et demeure encore masqué par le fait que le coût de la permanence a été supporté soit par les CLSC Basse-Ville et Saguenay-Nord, respectivement pour le fonds de Québec et celui du Saguenay–Lac-Saint-Jean, soit par des communautés religieuses pour le fonds de l'Outaouais. À Québec, toutefois, on reconnaît qu'un peu plus de 40 % des recettes sont utilisées ou injectées dans des dépenses administratives.

Une dernière limite a trait à la base sociale du fonds. À Québec, après avoir atteint jusqu'à dix groupes, on est retombé à cinq pour remonter à huit. Au Saguenay–Lac-Saint-Jean, on est passé de six groupes à trois: ou bien le Fonds est voué à disparaître, ou bien il s'ouvrira à des nouveaux groupes. Dans l'Outaouais, contrairement à Québec et au Saguenay–Lac-Saint-Jean qui se sont volontairement limités aux groupes de défense, le Fonds s'appuie sur une base impressionnante: 26 groupes dont 9 dans le secteur défense, 6 dans le secteur service et 7 dans le secteur animation. Là encore, si en principe l'élargissement peut favoriser une plus grande pénétration sociale et donc plus d'entrée de fonds, il peut aussi avoir pour effet de subdiviser davantage les mêmes ressources.

L'AVENIR DES FONDS POPULAIRES

L'avenir des fonds populaires s'inscrit autour de trois axes qui sont à la fois indispensables et indissociables: une nécessaire autonomie financière minimale, une stratégie adaptée en rapport avec Centraide et une position politique de responsabilité de l'État dans le soutien financier de l'action communautaire autonome (Coalition, 1988). On reconnaîtra facilement que l'autonomie politique et idéologique d'un groupe populaire suppose un autofinancement minimal: l'originalité des fonds populaires est d'atteindre cet objectif en solidarité avec d'autres groupes populaires et, plus largement, avec le milieu syndical. Il faut tout de même signaler que cette alliance avec le milieu syndical se reflète davantage au niveau du discours que de la pratique: la contribution financière des communautés religieuses demeure plus significative que celle des syndicats.

La naissance d'un fonds comme sa consolidation repose sur une stratégie dont Centraide fait partie. Ce rapport avec Centraide peut varier d'une région à l'autre selon, justement, la composition sociale de Centraide dans telle ou telle région. Par exemple, dans l'Estrie, selon une étude qui date de 1982 (Deslauriers, 1982: 46-47), les relations entre Centraide et les groupes populaires n'étaient pas mauvaises: le comité de répartition était composé paritairement de représentants du conseil d'administration et de représentants des groupes. À Québec et en Outaouais, les relations des groupes avec Centraide varient: ici, une certaine rupture et là, une rupture certaine. À Montréal, en 1984, à l'époque où Centraide avait supprimé les subventions aux associations de locataires, plusieurs de ces groupes ont jonglé avec l'idée d'un fonds de solidarité; maintenant, les groupes populaires auraient plus tendance à réinvestir Centraide (Collectif, 1984; Robitaille, 1988).

Le rapport avec Centraide reste toujours délicat, car cette organisation demeure une coalition où le mouvement syndical est en partie présent: la FTQ, le Syndicat canadien de la fonction publique et même la CSN[3]. À Centraide-Montréal, 52 % des revenus proviennent des salariés en milieu de travail, contre 36 % des entreprises. Il est par ailleurs évident que les retenues à la source venant des salariés seraient aussi une mine pour les fonds populaires: à Hull comme à Québec, il y a eu des tentatives de ce côté. Par contre, les fonds n'ont toutefois pas intérêt à empiéter sur ce terrain de Centraide: ils préfèrent explorer les milieux de travail réfractaires à Centraide ou ceux qui n'ont pas été sollicités par Centraide tels que les syndicats de CLSC, les Groupes de ressources techniques, les coopératives de travail, etc.

Enfin, les groupes populaires doivent, en alliance avec tous les autres groupes qui se réclament de l'action communautaire autonome, se battre pour leur reconnaissance effective par l'État. La mise sur pied de la Coalition des organismes communautaires du Québec (COCQ) est intéressante à ce titre et elle peut compter sur des alliés non négligeables tels que les communautés religieuses (Conférence religieuse canadienne, 1988).

Les fonds demeurent l'appui le plus fiable des groupes populaires, malgré leur fragilité, leurs très modestes moyens et le plafonnement qui les guette. Lors de leur émergence, ils se nourrissaient de l'espoir verbalisé par le célèbre slogan de la CSN: «Ne comptons que sur nos propres moyens»; aujourd'hui, ils s'inscrivent plus sobrement à l'enseigne qu'il faut d'abord compter sur ses propres moyens.

Bibliographie

Coalition des organismes communautaires du Québec (1988). *Pour la reconnaissance de l'action communautaire autonome,* document de base, Montréal, mai.

Collectif (1984). *La «coalition charitable», Bilan d'une lutte,* Montréal, 40 p.

Conférence religieuse canadienne, région du Québec (1988). *L'appauvrissement au Québec,* mémoire présenté au gouvernement du Québec, Québec, 27 p.

---

3. Dans une déclaration faite au journal *Le Soleil,* le 15 novembre 1989, Monsieur Robert Normand, coprésident de la campagne de Centraide de la région de Québec, affirmait à la toute fin de l'opération «que Centraide avait reçu l'appui inconditionnel des centrales syndicales FTQ et CSN».

DESLAURIERS, Jean-Pierre (1982). *Les groupes populaires à Sherbrooke: pratiques, financement et structures,* Sherbrooke, Université de Sherbrooke, 46-47.

PILON, Hervé (1982). *Le fonds de solidarité des groupes populaires de Québec. Sept ans d'histoire, de réflexion et de lutte pour l'autonomie financière des groupes populaires,* Québec, CLSC Basse-Ville, 91 p.

POIRIER, Roger (1987). «Les fonds de solidarité des groupes populaires», *Vie Ouvrière,* n° 200, mars, 17.

ROBITAILLE, Jean (1988). «Centraide et les groupes populaires... Compromission ou maturité?», *Vie Ouvrière,* n° 213, novembre, 14-21.

La conciliation à la cour municipale de Montréal: résultats d'une recherche

Chantal DEMERS
Centre international de criminologie comparée
Université de Montréal

Cet article présente les résultats d'une recherche empirique portant sur le programme de conciliation de la cour municipale de Montréal qui, au moment de l'étude, gérait principalement des cas de violence conjugale. à partir d'une analyse descriptive, l'article tente de démontrer l'existence d'un traitement différentiel des conflits conjugaux et des autres conflits jugés «conciliables». Dans la conclusion, l'auteure soutient que l'intervention en matière de violence conjugale, lorsqu'elle est exercée à un niveau individuel et psychologique, risque d'ignorer le caractère sociopolitique complexe du phénomène.

Face à l'incapacité du système judiciaire de gérer adéquatement les conflits interpersonnels, notamment les conflits conjugaux, plusieurs solutions dites de rechange au système judiciaire traditionnel ont été mises sur pied depuis une vingtaine d'années. Ces mesures se font de plus en plus nombreuses et variées mais leur fonctionnement n'a que rarement été évalué. Cet article présente les résultats d'une recherche empirique sur le programme de conciliation de la cour municipale de Montréal mis sur pied en mai 1985 pour gérer principalement des cas de violence conjugale[1]. Compte tenu du nombre encore très limité de données sur les parties en cause dans un conflit conjugal et sur l'intervention «alternative» en cette matière, nous avons adopté une perspective descriptive.

L'intérêt premier de cet article est de démontrer, en prenant appui sur les résultats de notre analyse descriptive, que le programme de conciliation de la cour municipale de Montréal gère de manière différente les cas conciliables, selon qu'il s'agisse d'un conflit conjugal ou d'un conflit d'une autre nature. Notre intention n'est pas tant de dénoncer ce traitement différentiel que de discuter de sa nature et de son impact sur les parties concernées. L'analyse de la qualification juridique des événements nous permettra donc de vérifier si les cas de violence conjugale sont qualifiés plus sévèrement que les autres cas conciliables. De même, l'étude du recours à des mesures privatives de liberté, telle la détention provisoire, nous permettra d'appuyer notre hypothèse concernant le traitement différentiel.

ORIGINE ET ENJEUX DE LA CONCILIATION

Vers la fin des années 70, dans un contexte de réforme pénale, la conciliation judiciaire a connu ses premiers essais au Canada. Mis à part le secteur pénal, cette mesure avait été expérimentée dans le domaine du travail.

À l'origine, le programme de conciliation gérait principalement des conflits conjugaux et tentait de surmonter certaines lacunes du système judiciaire traditionnel. Parmi ces lacunes, les procureurs de la cour municipale identifiaient le manque d'information quant au profil psychosocial des «délinquants primaires[2]», l'absence d'indemnisation des victimes, les coûts

---

1. En ce qui a trait aux programmes québécois de conciliation, mentionnons l'étude évaluative importante de Francine OUELLET-DUBÉ et Lucie BÉLANGER (1983) portant sur le programme de déjudiciarisation, «Conciliation dans la communauté», mis sur pied par le Service de réadaptation sociale du Québec.

2. Cette étude a fait l'objet d'un mémoire de maîtrise dont l'objectif poursuivi était double. Il s'agissait d'abord, en misant sur les données provenant des maisons d'hébergement au Canada, de présenter le portrait des parties impliquées dans un conflit conjugal. Ensuite, nous voulions vérifier l'existence d'un traitement différentiel des cas de violence conjugale et des autres cas jugés «conciliables» à la cour municipale de Montréal (DEMERS, 1989).

élevés de la procédure, l'imposition d'un casier judiciaire à un «délinquant primaire»[3], le taux élevé d'acquittements s'expliquant par l'absence du plaignant ou par des motifs d'ordre juridique, le nombre élevé de retraits causés par le découragement des parties face à la lenteur de la procédure, les plaignants chroniques et l'augmentation des causes de violence conjugale, qui occasionne une surcharge à la cour municipale (Leduc, 1989: annexe 1).

Les objectifs spécifiques de la conciliation diffèrent d'un programme à l'autre, mais nous pouvons affirmer qu'à la cour municipale de Montréal, la conciliation vise à trouver un terrain d'entente qui permettra aux parties de régler leur conflit sans avoir à vivre l'expérience d'un procès.

DÉROULEMENT DE LA CONCILIATION ET CRITÈRES

À la cour municipale de Montréal, la conciliation est menée par un procureur de la Couronne. Elle a lieu en dehors du procès, au moment de la première comparution. Le déroulement de la conciliation ne s'effectue pas sur la base d'un face-à-face, puisque le procureur rencontre tour à tour la victime et l'accusé qui lui présentent leur version des faits.

La procédure de conciliation prévoit quatre étapes principales. La première consiste, pour les procureurs, à vérifier les plaintes déposées et les casiers judiciaires des personnes accusées afin d'évaluer le niveau de preuve. La deuxième comprend la rencontre entre le procureur de la Couronne et le plaignant, permettant au procureur de connaître les circonstances du conflit. La troisième consiste, pour le procureur, à rencontrer l'accusé afin que celui-ci reconnaisse sa responsabilité dans l'affaire. Dans les cas où l'accusé ne reconnaît pas sa responsabilité, la conciliation n'a pas lieu et la cause est renvoyée pour procès si la preuve est suffisante. Enfin, la dernière étape de la conciliation comporte la rencontre de chacune des parties en présence du procureur, afin d'arriver à une entente satisfaisante pour les deux parties.

La décision de soumettre un cas au programme de conciliation est basée sur plusieurs critères fixés par les procureurs de la Couronne. D'abord, la conciliation est surtout effectuée entre les personnes qui se connaissaient avant l'infraction. Rappelons qu'au moment de notre recherche, les cas de violence conjugale et familiale constituaient la grande majorité des cas conciliables. Toutefois, des causes mettant en jeu des personnes qui ne se

---

3. Terme utilisé par les procureurs de la Couronne à la cour municipale de Montréal et qui réfère aux délinquants qui en sont à leur premier délit ou à leur première expérience avec les tribunaux.

connaissaient pas au moment de l'événement étaient aussi acceptées au programme. Ces causes concernent généralement des chicanes entre automobilistes ou des conflits entre un commerçant et un client.

Même si une relation de connaissance est établie, la conciliation ne s'applique pas toujours. Effectivement, la conciliation est inadéquate dans les cas de non-consentement du plaignant ou du défenseur, lorsque la conduite répréhensible de l'accusé est attribuable à une maladie mentale, lorsque les blessures sont jugées trop graves (nez cassé, fracture, coupure nécessitant une intervention médicale, etc.) et lorsque l'accusé a des antécédents judiciaires en semblables cas. Enfin, le programme ne s'applique qu'aux infractions poursuivables sur déclaration sommaire de culpabilité et aux infractions mixtes, c'est-à-dire pouvant être traitées comme infraction (poursuivable par voie sommaire) ou comme acte criminel (poursuivable par voie criminelle).

ÉCHANTILLON ET MÉTHODE DE RECHERCHE

Notre échantillon portait sur les dossiers de la cour municipale de Montréal jugés «conciliables», selon les critères évoqués ci-dessus, par les procureurs responsables du programme entre le 1er octobre 1986 et le 30 septembre 1987. Nous n'avons retenu que les dossiers fermés, c'est-à-dire ceux pour lesquels une décision finale a été rendue avant le 30 septembre 1988, afin de recueillir toutes les informations pertinentes sur la procédure et le dénouement des causes. Pour cette période, 2292 dossiers ont été jugés «conciliables» à la cour municipale de Montréal. Parmi ceux-ci, nous en avons retenu 511, aléatoirement, soit un peu moins d'un quart. Un dépouillement systématique des dossiers de la greffe nous a permis d'obtenir un échantillon représentatif de la proportion d'accusés détenus provisoirement et d'accusés en liberté au cours de la procédure judiciaire. Spécifions aussi que cette sélection a été effectuée par mois, c'est-à-dire que nous avons retenu environ 25 % de l'ensemble des cas détenus et 25 % de ceux en liberté pour chacun des douze mois visés par notre étude.

Nos deux sources principales de données constituaient les dossiers du Service de police de la Communauté urbaine de Montréal (SPCUM) et ceux de la cour municipale de Montréal. Les cas étudiés concernaient donc des événements survenus sur le territoire de la Communauté urbaine de Montréal.

DONNÉES SUR LE FONCTIONNEMENT DU PROGRAMME DE CONCILIATION

Notre intérêt principal étant de vérifier l'existence d'un traitement différentiel des cas conciliables en fonction de la nature du délit afin de discuter de la nature et de l'impact de celui-ci, nous avons regroupé en deux catégories les données portant sur le lien entre les parties en cause dans un conflit jugé «conciliable», soit «lien conjugal» et «autre lien». La catégorie «lien conjugal» regroupe les parties en cause dans une relation matrimoniale ou amoureuse au moment de l'événement ainsi que celles autrefois en cause dans une relation matrimoniale ou amoureuse (les cas de divorce, de séparation de fait ou de bris de lien amoureux). Pour sa part, la catégorie «autre lien» réunit toutes les parties exclues de la première catégorie.

Afin de vérifier l'existence d'un traitement différentiel, nous dresserons un bref portrait des populations prises en charge par le programme de conciliation. Suivra un examen de la qualification des événements par les policiers dans les cas de violence conjugale et dans les autres cas conciliables. Le fonctionnement du programme se situant au stade judiciaire, nous analyserons donc en dernier lieu l'intervention judiciaire dans les cas conciliables ainsi que la décision finale.

Caractéristiques des cas conciliables

La majorité des cas jugés «conciliables» à la cour municipale de Montréal sont des événements liés à la violence conjugale (64,1 %). Les accusés en cause dans un conflit conciliable sont pour la plupart de sexe masculin, alors que les victimes sont plus souvent de sexe féminin.

Les données relatives au statut social des accusés révèlent qu'il n'existe aucune différence entre les accusés en cause dans un conflit conjugal et les autres accusés. Notamment en ce qui a trait à l'emploi, dans les cas de violence conjugale, 45,5 % des accusés occupent un emploi, comparativement à 45,6 % dans les autres cas. De même, il n'existe pas d'association statistique entre le type de lien unissant les parties et les antécédents judiciaires de l'accusé. Mentionnons simplement que 46,2 % des accusés impliqués dans un conflit conciliable ont, selon les policiers, des antécédents judiciaires.

Les voies de fait se classent au premier rang des conflits conciliables (76,6 %). Au deuxième rang , nous retrouvons les cas de méfaits contre les biens (11,1 %) et au troisième, les cas de menaces (8,5 %). La plupart des événements jugés «conciliables» n'occasionnent aucune blessure (36,4 %) ou de légères blessures à la victime (39,1 %). L'usage d'alcool ou de drogue par le suspect au moment de l'événement est peu fréquent dans les cas conciliables (25,2 %).

Les événements conciliables de violence conjugale ou d'une autre nature sont donc relativement similaires quant aux circonstances qui les entourent. Nos données montrent que seuls le lieu et le moment de l'événement permettent de les distinguer. Effectivement, alors que 92,6 % des cas de violence conjugale surviennent dans un endroit privé, c'est-à-dire dans la demeure commune aux parties ou à une des deux parties, seulement 44,5 % des autres cas surviennent dans ces mêmes endroits. De même, 59,4 % des événements de violence conjugale ont lieu en soirée ou durant la nuit, 44,8 % et des autres événements ont lieu au cours de cette même période.

L'analyse des caractéristiques des cas conciliables nous permet, dès maintenant, de souligner trois aspects. Premièrement, alors que les procureurs de la cour municipale de Montréal affirment leur volonté, par la conciliation, d'éviter un casier judiciaire à un «délinquant primaire», paradoxalement, plusieurs accusés (46,2 %) ont déjà, selon les informations contenues dans le rapport policier, de tels antécédents au moment de la conciliation. Comme le souligne Robert Poirier (1985: 38), il serait sans doute plus simple d'abolir le casier judiciaire pour les délits mineurs que d'instituer tout un réseau parallèle de conciliation. Deuxièmement, nos données sur l'emploi et le vécu judiciaire des accusés à la cour municipale montrent que ces derniers sont dans une situation sociale plutôt précaire. Troisièmement, les caractéristiques des parties en cause dans tous les conflits conciliables, de violence conjugale ou autres, se ressemblent; seules les circonstances physiques de l'événement diffèrent, c'est-à-dire le lieu et le moment du conflit. Toutefois, bien que nos données ne nous permettent pas d'identifier les motifs des conflits interpersonnels (circonstances psychologiques), plusieurs recherches[4] montrent que ceux-ci varient selon qu'il s'agisse d'un conflit conjugal ou d'une autre nature.

Qualification des événements par les policiers

L'analyse de l'intervention policière montre que les policiers ont moins tendance à identifier comme «graves» les voies de fait lorsqu'elles ont lieu entre conjoints (26,2 %) qu'entre d'autres parties (45,7 %). Nos données sur le lieu de l'événement nous permettent de constater que la «visibilité» du conflit est associée à la qualification des voies de fait par les policiers. Effectivement, lorsque les voies de fait surviennent dans un endroit public,

---

4. Nous pensons, entre autres, à l'étude de BARIL *et al.* (1983).

elles sont plus souvent qualifiées «graves» (60,5 %) que si elles avaient eu lieu dans un endroit privé, telles la demeure commune aux parties (28,7 %) et la demeure d'une des deux parties (26,4 %). Rappelons toutefois que le pouvoir de qualifier l'infraction appartient aux procureurs; la qualification des policiers n'est qu'indicative et sans portée judiciaire définitive.

Intervention judiciaire: qualification et détention provisoire

À la dénonciation ainsi qu'au procès, la majorité des accusations portées contre le suspect sont des voies de fait (65,3 et 69,6 %). Au procès, les voies de fait qualifiées «graves» sont plus nombreuses entre conjoints (13,1 %) qu'entre d'autres parties (2,2 %). Soulignons que cette relation est inversée chez les policiers, c'est-à-dire que les voies de fait entre conjoints sont moins souvent qualifiées «graves» par les policiers (26,2 %) que les voies de fait entre d'autres parties (45,7 %). La qualification des voies de fait par les procureurs diffère donc de celle des policiers, selon qu'il s'agisse d'un cas de violence conjugale ou d'un conflit d'une autre nature. À défaut d'une approche qualitative, nous ne pouvons que souligner ce phénomène. Toutefois, une étude approfondie de la problématique de l'évaluation différentielle du problème de la violence conjugale par les différentes instances du pénal serait justifiée.

Bien que la conciliation se veuille une mesure moins restrictive que le système de justice traditionnel, il n'en demeure pas moins que des mesures privatives de liberté sont utilisées à la cour municipale dans les cas conciliables. Malheureusement, ces mesures ne sont pas sans conséquences sur le déroulement des procédures.

Soulignons, à titre d'exemple, que dans 32,4 % des cas conciliables, les accusés sont détenus provisoirement à un moment ou l'autre de la procédure judiciaire. Les accusés en cause dans un conflit conjugal sont plus souvent détenus (41,4 %) que les autres accusés (15,0 %). De plus, dans les cas de violence conjugale, la détention dure plus longtemps: 39,0 % des accusés en cause dans un conflit conjugal, détenus provisoirement, le sont plus d'une journée comparativement à 30,7 % des autres accusés. La procédure de conciliation a souvent lieu lorsque l'accusé est détenu provisoirement (32,1 %). Parce qu'elle est surtout imposée aux accusés en cause dans un conflit conjugal, c'est-à-dire aux cas où la victime et l'accusé cohabitent habituellement ensemble au moment du conflit, nous supposons que le recours à la détention provisoire à la cour municipale de Montréal témoigne du désir de protéger la victime.

Malheureusement, la détention provisoire n'est pas sans relations avec le déroulement des procédures judiciaires. Effectivement, de par sa nature coercitive, la détention provisoire est reliée au plaidoyer de l'accusé, à la décision finale et à la sentence. En ce qui concerne le plaidoyer, mentionnons qu'à la deuxième et à la dernière comparutions, l'accusé détenu plaide plus souvent coupable que l'accusé en liberté. En effet, à la deuxième comparution, 18,1 % des accusés détenus plaident coupables, comparativement à 9,7 % des accusés en liberté et à la dernière comparution; 27,6 % des accusés détenus plaident coupables, comparativement à 16,3 % des accusés en liberté. L'accusé détenu provisoirement semble plaider coupable dans l'espoir de conclure le plus rapidement possible son expérience avec le pénal, expérience particulièrement pénible lorsqu'elle comporte une détention. Le plaidoyer de culpabilité constitue, bien souvent, le seul moyen que possède l'accusé d'accélérer le processus judiciaire, et par conséquent, de diminuer ce que Brodeur et Landreville (1979) appellent les «coûts sociaux» de la justice: perte d'emploi, perturbation de la vie familiale, «étiquetage social», etc.

Quant à la décision judiciaire finale, soulignons que le retrait de la plainte est moins fréquent lorsque l'accusé est détenu (45,3 %) que lorsqu'il ne l'est pas (66,8 %). En ce qui a trait à la sentence, soulignons que l'accusé détenu au cours de la procédure judiciaire se voit imposer plus fréquemment une sentence d'emprisonnement (37,3 %) que l'accusé non détenu (4,3 %). Cette dernière constatation soulève des questions importantes, notamment sur la cause de l'application plus fréquente d'une sentence d'emprisonnement aux accusés détenus provisoirement au cours de la procédure judiciaire. Peut-on supposer que ces cas sont, selon des critères légaux, plus «graves» que les cas où l'accusé n'est pas détenu ou plutôt que les facteurs «extra-légaux» qui expliquent la détention provisoire s'appliquent aussi au moment de la sentence? Bien qu'impossible à démontrer statistiquement, l'hypothèse d'un étiquetage engendré par la détention provisoire, et de son influence sur la nature de la sentence, doit être envisagée.

Décision finale de conciliation

Nos données montrent que les décisions principales de conciliation sont le maintien de la plainte (40,3 %) et le retrait de la plainte (39,0 %)[5]. Les autres décisions sont l'ordonnance de garder la paix substituée au retrait de la plainte, la remise conditionnelle de procès, le retrait de la plainte si la victime ne se présente pas à la prochaine rencontre de conciliation, lenon conciliable et toute décision d'une autre nature.

---

5. Soulignons que l'information sur la décision de conciliation n'était inscrite dans le dossier des procureurs que dans 317 cas.

Bien qu'il n'existe aucune association statistique significative entre le lien unissant les parties et la décision de conciliation, notons toutefois que le retrait de la plainte au moment de la conciliation est plus fréquent dans les cas de violence conjugale (40,9 %) que dans les autres cas conciliables (28,6 %). Le retrait doit-il être interprété comme un succès de la conciliation ou comme un refus de collaboration de la victime? Bien que nos données ne nous permettent pas de conclure sur cette question, nous croyons justifié de mentionner que la non-collaboration de la victime est un problème particulier aux cas de violence conjugale. Les efforts du conciliateur doivent alors être orientés vers l'identification de la cause réelle du refus de collaboration de la victime, soit la menace du conjoint ou la réconciliation des parties.

Décision du tribunal

Rappelons que la décision judiciaire finale peut être différente de la décision de conciliation. Effectivement, parce que le programme de conciliation a lieu dans un cadre judiciaire, le procureur peut poursuivre la cause devant le tribunal si la conciliation n'est pas réussie, c'est-à-dire si les parties ne réussissent pas à s'entendre sur une mesure à adopter afin de régler le conflit. Les données qui suivent concernent donc les décisions finales prises par le tribunal pour l'ensemble des cas conciliables de notre échantillon.

Mentionnons d'abord que la plupart des cas conciliables se terminent par un retrait de la plainte (59,9 %). Pour ce qui est des cas où la plainte est maintenue 20,0 % des accusés plaident coupables, 5,9 % sont acquittés, 3,5 % des causes sont rejetées, 3,3 % des accusés sont libérés et, dans 3,0 % des cas conciliables, une décision d'une autre nature est rendue. Enfin, il est particulièrement intéressant de souligner que seulement 4,3 % des accusés parmi 511 cas conciliables sont effectivement trouvés coupables.

En ce qui concerne les sentences, celle le plus souvent imposée dans les cas conciliables est la probation (83 cas). L'amende est imposée dans 36 cas, l'emprisonnement dans 22 cas, l'ordonnance de garder la paix dans 12 cas et la réparation directe à la victime dans seulement 5 cas.

Mentionnons qu'il existe une relation entre le lien unissant les parties et la nature de la sentence pour les cas d'emprisonnement. Effectivement, le croisement de l'emprisonnement avec le lien unissant les parties révèle qu'une proportion plus importante d'accusés en cause dans un conflit conjugal se voit imposer une sentence d'emprisonnement (25,0 % des 64 accusés en cause dans un conflit conjugal) que les autres accusés (7,5 % des 40 autres accusés). Il semble que face à la présence encore limitée de mesures visant un changement comportemental profond chez l'accusé, les juges de la cour municipale de Montréal ont opté pour la neutralisation temporaire de l'accusé afin de protéger la victime. L'intervention à long terme reste alors à définir. En ce qui a trait aux sentences d'amende, bien que ces sentences soient moins souvent imposées aux accusés en cause dans un conflit conjugal (20,3 % des 64 accusés dans un conflit conjugal) que dans un autre conflit (42,5 % des 40 autres accusés), il n'en demeure pas moins qu'elles sont inappropriées pour les cas de conflits conjugaux, surtout lorsque les parties demeurent encore ensemble après l'événement.

DISCUSSION ET CONCLUSION

Nos données nous permettent de constater qu'il existe un traitement différentiel des cas de violence conjugale et des autres cas conciliables. Cette différence est particulièrement visible par l'analyse de la qualification juridique des événements, qui dévoile que les cas de violence conjugale, bien que similaires sur le plan des circonstances aux autres cas conciliables, sont qualifiés plus sévèrement par les procureurs. De plus, l'étude du recours à des mesures privatives de liberté, telle la détention provisoire, montre une utilisation plus fréquente et plus intensive de celle-ci dans les cas de violence conjugale. À la cour municipale de Montréal, le traitement des cas conciliables est caractérisé par une application plus intense des mesures répressives aux cas de violence conjugale. Ces constatations soulèvent des questions importantes pour le renouvellement des pratiques sociales. Un traitement différentiel d'une telle nature est-il approprié? Quels sont les impacts d'un tel traitement? Sans prétendre avoir les réponses à toutes ces questions, nous souhaitons présenter quelques éléments de réflexion.

Le problème de l'intervention en matière de violence conjugale est particulier, notamment à cause du lien intime qui existe entre la victime et l'accusé. Certains disent que ce lien intime justifie la négociation d'une entente entre les parties, alors que d'autres affirment qu'il justifie l'application plus intensive de mesures répressives afin d'assurer la protection de la victime. La conciliation pourrait constituer une solution intéressante permettant de considérer ces deux approches pour chaque cas qui lui est soumis. Toutefois, parce que les procureurs responsables du programme travaillent en milieu judiciaire et ont instinctivement recours à des mesures répressives, la conciliation à la cour municipale de Montréal présente certains dangers.

Premièrement, l'application de mesures répressives n'est pas sans conséquences négatives pour l'accusé et la victime. En ce qui concerne l'accusé, comme mentionné auparavant, plusieurs études ont traité des «coûts sociaux» et de l'étiquetage engendrés par celles-ci. On a plus souvent tendance à oublier les conséquences négatives des mesures répressives sur la victime. Pourtant, dans plusieurs cas, ces mesures provoquent la détérioration de la relation amoureuse ou rend pénible la séparation des parties.

Deuxièmement, le recours fréquent à des mesures répressives semble témoigner d'une démission sociale face à l'intervention permettant le changement profond des relations entre hommes et femmes. En ce sens, nous partageons l'opinion de plusieurs auteures féministes pour affirmer que la violence conjugale est le produit d'une société sexiste (Carrier et Michaud, 1982) et insistons sur la nécessité de reconnaître le caractère sociopolitique de la violence conjugale.

Ainsi, face à la complexité que pose le problème de la violence conjugale, nous ne pouvons pas accepter une approche qui centre le problème uniquement sur l'agresseur, sans se préoccuper ni de la victime ni de la nature sociopolitique du problème. Il n'en demeure pas moins qu'il faut agir à court terme. Dans ce sens, les problèmes inévitablement engendrés par la conciliation exercée dans un contexte judiciaire pourraient être atténués si la conciliation prenait place dans un contexte réel de déjudiciarisation. Plusieurs conflits mineurs, tels ceux gérés par la cour municipale de Montréal, pourraient facilement se prêter à la déjudiciarisation. Les cas déjudiciarisés pourraient, par exemple, être pris en charge par les responsables des divers programmes québécois d'aide aux conjoints violents. Leur intervention devrait viser à diminuer les effets des facteurs socioculturels négatifs responsables de la violence [6]. Toutefois, à long terme, la promotion active de l'égalité des conjoints est, plus que n'importe quelle intervention pénale ou psychosociale (Dumont: 105), susceptible de réduire la violence conjugale.

Bibliographie

BARIL, Micheline *et al.* (1983). *La femme battue et la justice: intervention policière*, Les cahiers de l'École de criminologie, Université de Montréal, n° 13 .

BRODEUR, Jean-Paul et Pierre LANDREVILLE (1979). *Finalités du système de l'administration de la justice pénale et planification des politiques*, Les cahiers de l'École de criminologie, Université de Montréal, n° 2.

CANADA (1987). *Compte rendu des initiatives communautaires de justice*, Ottawa, Réseau pour les initiatives communautaires de justice et la résolution des conflits, vol. 1, n° 5.

CARRIER, Micheline et Monique MICHAUD (1982). *La violence faite aux femmes en milieu conjugale: le produit d'une société sexiste*, Ottawa, le programme de promotion de la femme.

---

6. Le document de RONDEAU, GAUVIN et DANWORT (1989) présente une description analytique du nouveau secteur que constitue les programmes d'aide aux hommes violents. Cette étude traite, entre autres, des programmes de nature pro-féministes qui mettent l'accent sur les droits des femmes afin d'intervenir auprès des hommes violents.

COMMISSION DE RÉFORME DU DROIT DU CANADA (1975). *La déjudiciarisation*, Ottawa, document de travail n° 7.

DEMERS, Chantal (1990). *Le traitement de la violence conjugale par le programme de conciliation de la cour municipale de Montréal*, mémoire de maîtrise présenté à la Faculté des études supérieures de l'Université de Montréal. Recherche réalisée grâce à des subventions provenant des fonds FCAR et des ministères de la Justice et de la Sécurité publique du Québec.

FEELEY, Malcom M. et Roman TOMASIC (1982). *Neighborhood Justice: Assessment of an Emerging Idea*, New York, Longman.

LEDUC, JEAN-GUY (1989). *La résolution des conflits: Le programme de conciliation et le programme de violence conjugale*, Montréal, Services des affaires corporatives, module des affaires pénales et criminelles.

LEMMENS, Martin (1983). *Rapport final: projet de déjudiciarisation*, Sherbrooke, Centre de services sociaux de l'Estrie.

OUELLET-DUBÉ, Francine et Lucie BÉLANGER (1983). «Conciliation dans la communauté: évaluation d'un programme de conciliation du délinquant et de la victime», *Victimes d'actes criminels*, Ottawa, document de travail n° 4, ministère de la Justice.

POIRIER, Robert (1985). *Droit pénal et orientations parallèles dans le contexte canadien*, Les cahiers de l'École de criminologie, Université de Montréal, n°16.

RONDEAU, Gilles, GAUVIN, Monique et Juergen DANWORT (1989). *Les programmes québécois d'aide aux conjoints violents: rapport sur les seize organismes existants au Québec*, Québec, ministère de la Santé et des Services sociaux.

Rapport Rochon et Orientations Lavoie-Roux: une lecture plus optimiste

Luciano BOZZINI
Université de Montréal

En se démarquant des analyses sévères d'une certaine gauche sociosanitaire, notamment celles de Frédéric Lesemann et de Jacques Godbout, l'auteur propose une lecture «plus optimiste» des recommandations du *Rapport Rochon*, dont celles ayant trait au maintien d'un système public fort, au renforcement de la promotion de la santé et du bien-être, au renforcement de la décentralisation et à la nécessité de mobiliser les acteurs locaux autour d'actions intersectorielles.

LA «GAUCHE» SOCIOSANITAIRE EST SÉVÈRE

À l'exception de la lecture plutôt bienveillante de Vaillancourt (1989), le *Rapport Rochon* et les *Orientations* Lavoie-Roux qui lui ont succédé n'ont pas échappé à la sévérité – faut-il dire habituelle? – des critiques représentant ce qu'on pourrait appeler «l'éventail diversifié de la gauche sociosanitaire». Pour Godbout (1988a, 1988b), par exemple, la Commission n'a pas choisi entre les multiples utopies que contiendrait le *Rapport*: l'utopie politique, l'utopie techniciste, l'utopie administrative et technocratique, l'utopie professionnelle et l'utopie communautaire. En même temps, pour lui, la Commission a en fait choisi le *statu quo*, à savoir la stabilisation de la domination du système public technocratique et bureaucratique. Cet auteur est du reste sévère concernant à peu près tout ce que la Commission a produit comme constats ou comme propositions: la Commission n'aurait pas étayé sa thèse principale du «système en otage»; elle nage dans l'idéalisme naïf en commettant l'impair, traditionnellement impardonnable dans certains milieux de «gauche», de penser que les gens peuvent s'asseoir autour d'une table pour essayer de dégager des objectifs communs ou, au minimum, des compromis; sa proposition sur les régies est condamnée d'avance si on s'en tient à la leçon des commission scolaires; quant au renouveau de la participation, il faudra repasser.

Lesemann (1989) n'est pas beaucoup plus tendre: comme toutes les réformes québécoises depuis la Révolution tranquille, il s'agit encore d'une manifestation de la même «logique technocratique», naïve en plus cette fois dans ses propositions de démocratisation et de participation (régies régionales et programmation par objectifs); la Commission aurait failli à une tâche primordiale, soit la mise au pas des acteurs les plus puissants, les médecins et les hôpitaux; enfin, refrain récurrent (pour ne pas dire fatigant) dans certains milieux, les «organismes communautaires» – qui, d'après un discours trop courant, détiennent le monopole de la qualité et de la démocratie! –sont toujours mal traités.

Paul Bélanger (1989) ne partage pas les accusations de «naïveté», du moins telles que formulées par les deux premiers auteurs. Il trouve que la Commission a bien appris la leçon de Crozier: obnubilée par la thèse que le système de santé était «en otage aux groupes d'intérêt», elle aurait été naïve sur l'essentiel, les règles du jeu qui contraignent les groupes d'intérêt et que les propositions de la Commission n'entament nullement. La prédiction est que dans 15 ans on retrouvera les mêmes gagnants[1].

---

1. L'ampleur de la critique de cet auteur, à la fois quant aux faits et au paradigme d'interprétation proposé, mériterait une analyse en soi qui dépasse les intentions de ce texte.

LA CRITIQUE SOCIALE SEMBLE OBÉIR AU PRINCIPE DE L'AUBERGE ESPAGNOLE

À l'auberge espagnole, chaque convive mange ce qu'il amène, autrement dit ce qu'il veut. C'est l'image qui se dégage de la lecture des critiques locaux du *Rapport Rochon*. On y trouve une grande variété d'interprétations, à la fois des constats faits par la Commission comme des solutions qu'on dit qu'elle propose ou ne propose pas.

Dans un tel contexte, on ne sera pas surpris de ne pas trouver l'unanimité; plus encore, la lecture des «lectures critiques» révèle passablement de contradictions entre les auteurs, ce qui n'est pas surprenant après tout chez des gens qui ont pour métier d'écrire en fonction de dadas théoriques diversifiés et d'un bagage d'informations différent, qui écrivent la plupart du temps sans se consulter et sans avoir toujours le temps de s'assurer que l'information disponible est bien conforme à leurs thèses préférées. Le moins que l'on puisse dire c'est que, même dans le milieu des «sciences sociales critiques», le consensus sur le sens et les conséquences du *Rapport Rochon* est «introuvable», pour reprendre l'expression de Lesemann.

C'est pourquoi je me sens assez à l'aise d'y aller de ma propre lecture, qui est considérablement différente. Malgré un certain nombre de limites, en effet, je n'hésite pas à qualifier le *Rapport Rochon* et les *Orientations* Lavoie-Roux[2] qui en sont l'opérationnalisation approximative, de *textes-fondateurs*. Mon jugement est basé sur trois considérations. Premièrement, ces textes sont basés sur un certain nombre de constats justes et proposent à mon sens un certain nombre de perspectives «justes» (allant dans le sens du progrès de la rationalité, de la démocratie et du bien-être) pour le développement du système sociosanitaire québécois. Deuxièmement, je ne suis pas choqué (comme Godbout ou Lesemann) que la Commission propose des changements dans la continuité: ces textes sont fondateurs parce qu'ils sont stabilisateurs, devant les menaces non conjurées encore de diverses formes de dé-socialisation, de la place dominante que devrait occuper le système public. Finalement, ces textes sont fondateurs dans la méthode de changement proposé: pendant que certains y ont vu la domination de la «solution technocratique» (et curieusement ce diagnostic est autant le fait de la «gauche» sociosanitaire que des fédérations médicales!), d'autres (parfois les mêmes!) ont reproché à la Commission de ne pas fournir de solutions

---

2. Il y a des différences importantes entre les deux textes. Par exemple, dans les *Orientations*, les régies ne sont pas élues au suffrage universel; les centres hospitaliers universitaires reviennent en force; les CLSC sont ramenés au *Rapport Brunet*. Sur les grandes lignes cependant, il y a continuité entre les deux documents. Pour des raisons de simplification, je les traiterai le plus souvent comme un ensemble.

aux problèmes concrets. Par ses perspectives sur la décentralisation, sur l'autonomie locale nécessaire des établissements mais aussi sur la nécessité de la programmation et de l'intégration locales en fonction d'objectifs – la Commission renvoie la balle , il est vrai, dans le camp des acteurs régionaux et locaux. Ce que la Commission a proposé est de faire confiance aux acteurs, de faire confiance au local. Faut-il rappeler que cela est la seule solution réaliste?

DES PERSPECTIVES JUSTES À PARTIR DE CONSTATS ADÉQUATS

Pour proposer des solutions adéquates pour la réforme et le développement du système sociosanitaire, il faut partir d'un diagnostic, sinon exact, au moins pertinent dans ses grandes lignes. Contrairement à ses détracteurs, je crois que la Commission est partie d'une série de constats adéquats, qui pavent la voie à des réorientations à la fois concernant les objectifs, les stratégies et le fonctionnement des institutions, orientations qui, à mon avis, vont dans le sens du progrès. Je reprendrai ci-dessous les principaux constats – et les perspectives que la Commission en a dégagées – dans un ordre qui ne suppose aucun jugement relatif à leur importance.

LE MAINTIEN D'UN SYSTÈME PUBLIC FORT

Vaillancourt signale fort à propos qu'afin d'éviter que son rapport ne finisse «sur les tablettes», la Commission se devait de ne pas s'aliéner entièrement un certain nombre d'intérêts puissants (comme les fédérations médicales et l'Association des hôpitaux) ou le courant néo-libéral grouillant à l'intérieur du Parti libéral. Ceci explique, du moins en partie, un certain nombre de silences de la Commission (sur la pratique médicale, par exemple) ou la porte laissée ouverte à un certain degré «marginal» (dit-elle) de «privatisation» des services. Sur ce dernier point, la Commission n'est pas explicite. On laisse cependant entendre que tout ne peut être gratuit: par exemple, les services sociaux en dehors des trois catégories de «problèmes sociaux fondamentaux» repérées par la Commission ne seraient gratuits qu'en fonction des capacités de payer. Dans le contexte économique, politique et idéologique actuel, on comprend que la Commission ne pouvait proposer d'élargir la couverture des divers régimes publics.

Par contre, forte du vaste soutien au régime public qui s'est manifesté auprès d'elle, la Commission a eu le mérite de souligner avec force les caractéristiques positives du système sociosanitaire québécois, et de recommander par conséquent le maintien d'un système public «fort» dans la production des services, et le maintien du financement public pour les services de base requis. De plus, une proposition concrète de la Commission va dans le sens du renforcement du caractère public-socialisé du système sociosanitaire. Par le concept de «services sociaux socialement requis» (par analogie avec «médicalement requis»), la Commission ouvre la porte justement à un débat concret sur les services autres que médicaux (psychosociaux et sociaux) qui devraient bénéficier d'une couverture publique.

On ne peut simplement, comme le fait Vaillancourt, argumenter abstraitement en faveur de «l'égalité de traitement» entre les soins médicaux et les «soins sociaux», en ce qui concerne la gratuité ou non de l'aide à domicile, ou le plus grand nombre d'heures d'ouverture de la clinique médicale (par rapport à la «clinique sociale») dans les CLSC. Sur ce dernier point, par exemple, des données provenant de trois régions montrent que 90 % des urgences du service dit 24/7 sont des «urgences médicales» (FCLSC, 1990). On peut, par contre, comme le fait la FCLSC, argumenter en faveur d'une parité des heures de disponibilité (sur place ou sur appel).

Dans le contexte des contraintes qui vont continuer à peser sur les finances publiques, le débat concernant l'éventail des services assurés devra être poursuivi, moins à partir de positions idéologiques abstraites que de critères précis. Certains services médicaux ne sont pas actuellement assurés (soins esthétiques, veines variqueuses, etc.); cette liste pourrait être rallongée. Inversement, pourquoi des malades chroniques devraient-ils supporter le fardeau à vie de médicaments qui, dans le cas de plusieurs pathologies (hypertension, par exemple), est beaucoup plus élevé que les coûts des visites médicales? Un débat encore plus complexe nous attend en ce qui concerne la couverture publique des diverses catégories de «soins psychosociaux» comme des divers types de «médecines alternatives». On devra également affronter de façon réaliste la place dominante de la profession médicale. D'une part, ce quasi-monopole est largement soutenu par la population et pour ceux qui font du chantage (on peut toujours quitter le Québec). D'autre part, ne nous leurrons pas: ce pouvoir est également fonction d'une efficacité démontrée (même si elle est surestimée). Ce n'est qu'au fur et à mesure de l'affaiblissement de son hégémonie culturelle que le pouvoir médical peut être entamé avec succès: on ne peut pas toujours «mettre au pas» par décret.

Tout le débat sur la «privatisation» des services pourrait être maintenant poursuivi selon les balises indiquées par la Commission Rochon: maintien d'un service public dit «fort», financement public des services de base requis (médicaux et sociaux), équité s'il doit y avoir rationnement. Par ailleurs, des mesures de «privatisation» (dans le financement ou la production de services) devraient être examinées à leur valeur. Certaines mesures (comme la participation à certains frais) pourraient être bien acceptées par la population, sans entamer les caractéristiques de base du régime[3].

LE RENFORCEMENT DE LA PROMOTION DE LA SANTÉ ET DU BIEN-ÊTRE

Le *Rapport Rochon* consacre un chapitre entier à défendre l'idée qu'il n'y aura pas d'amélioration sensible de l'état de santé et de bien-être, sans que la promotion du bien-être et la prévention ne soient au premier plan. L'idée n'est sans doute pas originale: elle date (pour ne pas remonter inutilement jusqu'à Hippocrate) du XIXᵉ siècle. Le mérite du *Rapport* est non seulement de maintenir vivant et à l'avant-scène le nouveau discours sociomédical qui s'est redéveloppé à partir des années 60, mais de faire des propositions concrètes pour que ce discours s'inscrive progressivement dans la réalité. Il faut, d'une part, définir et s'attaquer à un certain nombre de problèmes de santé et de problèmes sociaux prioritaires. (On reviendra plus loin sur les avantages de cette stratégie.) Mais, d'autre part, à l'encontre de certains critiques qui lui reprochent son approche «médico-épidémiologique» des problèmes, la Commission en vient à insister sur des notions fondamentales, soit la nécessité du développement social sous tous ses aspects et la nécessité d'atteindre un haut degré d'équité sociale pour éliminer le plus possible la pathologie sociale et pour harnacher les forces sociales, davantage en fonction du progrès que des conflits. Dans ce sens, le *Rapport* fait sien le concept maintenant commun d'intersectorialité et rappelle à propos (voir l'histoire des CLSC) la nécessité du développement social et de l'intégration de l'ensemble des institutions sociales, afin que le système de santé et de services sociaux n'ait pas à assumer directement des responsabilités qui dépassent son mandat.

Comme l'a remarqué justement Jean-Pierrre Bélanger (1988), dans ce souci d'assurer à la santé publique-communautaire une place de premier plan, le *Rapport* allait plus loin. Il proposait l) que la mission de santé publique devienne une fonction centrale du Ministère; 2) la création d'un Centre de santé publique (organisme fonctionnel ayant pour mandat de concevoir des programmes de santé, de promouvoir le développement social et l'action intersectorielle); 3) la création d'un Conseil de la santé et du bien-être (organe-conseil du gouvernement sur les politiques à long terme en matière de santé et de bien-être dans une perspective d'intersectorialité); 4) le rattachement des DSC au Ministère; 5) le contrôle du développement

---

3. Ceci existe déjà: des personnes âgées préfèrent payer un peu de leur poche pour obtenir des services à domicile adaptés à leurs horaires (souplesse que les services publics ne peuvent pas toujours garantir).

du complexe médico-hospitalier par le rattachement direct des centres hospitaliers universitaires au Ministère et par la diminution de leur nombre.

Il aurait été naïf de penser qu'en période d'élimination d'organismes gouvernementaux, les propositions d'ajout auraient passé sans broncher. Les *Orientations* ne les ont pas retenues, comme elles n'ont pas retenu l'idée de rattacher les DSC et les CHU au Ministère. Par contre, la mission de santé publique-communautaire devient une fonction centrale (en passant, même l'AHQ est d'accord avec cela, en plus de reprendre l'idée d'un conseil consultatif de santé publique et d'être d'accord avec la diminution des CHU!). N'oublions pas non plus que les CLSC sortent renforcés des exercices successifs d'évaluation (*Rapport Brunet, Rapport Rochon, Orientations*).

Il m'apparaît, au bilan, que la santé communautaire chemine à la fois au plan du discours et des mesures concrètes. La Commission a vertement critiqué la surestimation et le surdéveloppement de l'approche biomédicale tout en reconnaissant ses bienfaits et la nécessité d'un équilibre entre le curatif et le développement du bien-être. Et ce n'est que jusqu'à un certain point qu'on peut limiter la haute technologie «par décret». Les «malades de civilisation» la demandent. Son affaiblissement ne peut être que progressif et il est du reste en cours en proportion du développement d'une nouvelle culture et de nouvelles pratiques de santé. À titre d'exemple, les DSC élaborent actuellement un programme global d'approche des maladies cardiovasculaires, dans lequel les «acteurs sectoriels» (y compris les entreprises) sont déjà à l'œuvre. Bref, on est loin, à mon avis, du diagnostic de Paul Bélanger à l'effet qu'il ne se fait pas grand-chose pour contrer «la consommation passive». Même dans la relation individuelle médecin-patient, ce stéréotype correspond de moins en moins à la réalité. Se pourrait-il que sur le terrain, les idées cheminent parfois plus vite que dans les officines universitaires?

LE RENFORCEMENT DE LA DÉCENTRALISATION

Le renforcement de la décentralisation est à l'ordre du jour depuis 15 ans. On s'est vite aperçu en effet – de façon générale – que la créature mi-figue mi-raisin des conseils régionaux n'avait pas suffisamment de latitude pour influencer de façon considérable la réorganisation institutionnelle dans les territoires. Mais la réalité des conseils régionaux est tout de même plus différenciée: selon plusieurs études (Québec, 1987b), les conseils ont su être plus efficaces et plus influents en dehors des grands centres (pour des raisons sociologiques connues: plus fort degré d'intégration sociale, front commun contre le centre, etc.). De plus, comme l'a souligné fort à propos la Commission, depuis la réforme Castonguay les dynamismes régionaux

– économiques, politiques, identitaires – se sont intensifiés. On assiste à un renforcement du tissu social, des compétences, du sentiment d'appartenance, et surtout à un renforcement de la prise de conscience de l'échec de la gestion centralisée (à la base comme au sommet). C'est à partir de ces constats – à mon sens parfaitement valides – que le *Rapport Rochon* comme les *Orientations* proposent un pas sensible en avant, à savoir la décentralisation du pouvoir d'affecter les priorités régionales et d'allouer les ressources en fonction de ces priorités. La deuxième caractéristique des régies proposées est qu'elles seraient gérées par un conseil d'administration formé uniquement de citoyens. Liée à la tendance vers la gestion par programmes, l'existence d'un pouvoir régional fort (sur la carte, au moins) représenterait une contrainte importante au plan de l'autonomie de l'ensemble des établissements et des organismes du territoire.

Il est compréhensible que l'AHQ s'oppose à une telle proposition. Par ailleurs, j'ai tendance à interpréter l'opposition aux régies (1990) de M. Claude Castonguay en fonction de son éloignement de la scène sociosanitaire et, réciproquement, de sa proximité avec la sacro-sainte autonomie de l'entreprise privée. M. Castonguay ne réalise peut-être pas que sa formule de décentralisation en 1971 était un «gadget technocratique» fondé sur peu de choses: ni régions ni compétences ni conscience de l'échec de la centralisation. Inversement, tout rend mûre aujourd'hui l'idée de la décentralisation.

C'est pourquoi je trouve difficilement compréhensible l'agressivité avec laquelle les critiques mentionnés ont accueilli cette proposition. D'une part, pour Lesemann, le fait de «croire à la virginité des élus régionaux» et «d'imaginer qu'un sursaut de rationalité, d'appel au bien commun puisse mettre au pas des intérêts particuliers puissants» constitue une énième «utopie technocratique». Il me semble que cela revient à qualifier indûment de naïve la Commission. Qui songerait jamais à imaginer que des élus pourraient être sans reproche? D'autre part, le *Rapport Rochon* propose moins «l'appel au bien commun» que la négociation face à face. La pensée décentralisatrice vise à provoquer la confrontation des intérêts, à négocier sur la base de faits connus de tous, ce qui a des chances d'aboutir, sinon toujours à des consensus, du moins à des compromis raisonnables, au lieu de fuir dans le *statu quo* corporatiste centralisé.

Godbout (1988a) est encore plus dur à l'égard de l'idée des régies régionales, mais sa critique, plus détaillée, vaut qu'on s'y arrête. D'abord, il estime peu probable – à la lumière de l'expérience des commissions scolaires et des données classiques sur les conditions de la participation – que la population s'intéresse à ces organismes, d'autant plus qu'ils n'auraient même pas autant de pouvoirs que les commissions scolaires, puisque les conseils d'administration d'établissements subsisteraient. Sa mise en lumière des similitudes des régies du *Rapport Rochon* avec les commissions scolaires est intéressante (même statut intermédiaire entre l'État et les établissements, même instance sectorielle, même absence d'autonomie financière, même élection au suffrage universel, même mandat de «planification, programmation»). Il y a cependant, je crois, une erreur dans cette comparaison. Les régies – à supposer qu'on en fasse ce qui était prévu – seraient plus que des organismes technocratiques de planification-programmation: elles seraient investies du mandat d'allocation des ressources, donc du mandat de contraindre et de provoquer la réaffectation de ressources; elles influeraient donc la nature et le fonctionnement du réseau de services. Dans ce contexte, il m'apparaît gratuit de postuler que la population ne s'y intéressera pas: pas «l'usager ordinaire» nécessairement, comme le veut une certaine rhétorique populiste, mais ceux dans la région qui sont intéressés à une meilleure organisation du réseau sociosanitaire. Contrairement à Godbout, j'aurais tendance à postuler que les possibilités d'action, dans le réseau sociosanitaire, sont plus grandes que dans le système scolaire et que, par conséquent, les citoyens s'y intéresseront [4].

On peut même opiner que le collège électoral prévu par les Orientations en lieu et place du suffrage universel est préférable à ce dernier: plus économique, il assurerait en outre que les divers acteurs (établissements, organismes communautaires, élus, représentants socio-économiques) fassent sentir leur importance [5]. Et on ne peut postuler que les hôpitaux tireront toujours les marrons du feu au détriment des plus «faibles» (CLSC, organismes communautaires). Au-delà des consensus et des compromis raisonnables dont certains milieux de «gauche» sous-estiment systématiquement la prévalence – Est-ce parce qu'ils sont confinés eux-mêmes à un monde individualiste et souvent mesquin fonctionnant surtout sur le modèle de la lutte d'intérêts? – les coalitions risquent d'être fort mouvantes.

Je crois (comme Godbout et l'AHQ) que les régies correspondent à une centralisation partielle du local, mais je ne m'en offusque pas, au contraire! C'est la sacro-sainte autonomie des établissements qui est la cause principale de l'anarchie et des corporatismes locaux. Je partage par contre sa crainte selon laquelle la décentralisation reste en deçà des attentes. Depuis des années, le problème du «contrôle politique» est l'obstacle essentiel et il

---

4. Dans le système scolaire, les citoyens veulent que l'école fonctionne, et cela devrait se passer largement au niveau de l'établissement, alors que le système sociosanitaire constitue un réseau. Hélas! non seulement les citoyens s'intéressent peu aux commissions scolaires, mais, comme le montre l'expérience des comités de parents, ceux-ci se désenchantent également vite d'une instance locale sans influence. Et cela sans parler du désenchantement vis-à-vis du système scolaire public.

5. La démocratie représentative est souvent présentée comme le modèle idéal alors qu'il faudrait aussi discuter des dysfonctions que souvent elle entraîne.

n'est pas levé. À défaut de la création d'un nouveau palier de gouvernement régional (ce qui n'est pas pour demain), le central reste politiquement responsable. L'avenir de la décentralisation ne reposerait-il pas alors sur la capacité de développement d'une «culture politique» qui ferait que les problèmes seraient, en partie au moins, «arbitrés, surveillés politiquement» par la députation régionale (au lieu de recourir systématiquement au centre)? Le succès dépendra aussi de la confiance que le centre sera prêt à accorder au régional, en fonction ultimement des résultats obtenus. À cet égard, on en saura un peu plus lorsque la nouvelle loi sera adoptée.

Bref, je crois que cette nouvelle poussée insufflée à la décentralisation est dans le sens de «l'histoire», car la gestion centralisée est condamnée et la décentralisation favorise l'adaptation et la participation, elle oblige les acteurs à se confronter en fonction d'une logique de besoins et non pas d'établissements. À part soutenir les positions conservatrices des intérêts établis qui fétichisent les régies – en les qualifiant à l'avance de monstres bureaucratiques – pour mieux les discréditer, avons-nous d'autres choix que celui de soutenir cette nouvelle poussée?

LA NÉCESSITÉ D'UN CENTRAGE SUR DES OBJECTIFS, DE L'INTÉGRATION LOCALE DES SERVICES

La Commission constate, entre autres, que non seulement une part importante des efforts qui n'est pas conçue en fonction d'objectifs définis, priorisés, atteignables et mesurés, ce qui laisse subsister bien des doutes sur la pertinence et l'efficience des actions posées; bien plus, l'autonomie «intouchable» des établissements et des producteurs de services et leur isolement par rapport à l'expression des besoins de la population favorise le double emploi tout en empêchant l'intégration des efforts. En d'autres termes, l'absence de projets communs, de programmes communs – à la fois cause et effet de l'autonomie professionnelle et institutionnelle – entraîne la prédominance d'une logique d'établissements, au lieu d'une logique d'intégration des actions en fonction de la santé et du bien-être.

Pour résoudre cette «perversion», le *Rapport Rochon* recommande plusieurs pistes d'action, comme la nécessité de définir des objectifs prioritaires afin de concentrer les efforts, l'allocation et la gestion des ressources par programmes focalisés sur des populations cibles ou sur des problèmes, la nécessité de mobiliser les acteurs locaux autour d'actions intersectorielles. À ces stratégies d'action, les *Orientations* ont ajouté un outil institutionnel, soit les conseils d'administration unifiés par territoire de CLSC ou de CSS.

Encore une fois, la réception de ces propositions n'a pas été enthousiaste. Du côté de la «gauche», on voit dans l'allocation-gestion par objectifs-programmes des «pièges technocratiques» tels que la réaffectation des ressources, mais, oh! scandale!, dans la «logique des programmes» et du «contrôle socio-épidémiologique» des populations. La «gauche» m'apparaît prisonnière ici de ses rengaines et simplifications. L'allocation-gestion par objectifs-programmes n'est rien d'autre que l'introduction d'un minimum de rationalité dans un système plus ou moins anarchique. Elle présente de plus toute une série d'avantages: elle force l'intégration, elle fournit des critères d'arbitrage, elle rend visible le caractère multisectoriel des problèmes et, enfin, elle constitue un outil de mobilisation. Je comprends cependant les réticences: les programmes cadres centralisés, la mainmise du modèle socio-épidémiologique sur le développement social, la bureaucratie, le «contrôle social».

Ces dangers sont réels, mais je crois qu'il faut renverser la perspective. Au lieu de voir le diable partout, ce qui paralyse l'action et garantit le *statu quo*, pourquoi ne pas aller chercher le potentiel de rationalité et de démocratie que ces propositions peuvent livrer? Contre certains radicaux, Vaillancourt soutient que les groupes communautaires ont tout intérêt à exploiter à fond la brèche que le Ministère est prêt à ouvrir. J'appliquerais un raisonnement analogue ici: l'allocation-gestion par objectifs-programmes sera largement ce que les acteurs régionaux et locaux décideront d'en faire. On a des exemples de démobilisation du local par le central, mais je crois que le rapport est dialectique: le centralisme prospère d'autant que le local est plus faible.

Le problème institutionnel m'apparaît autrement plus sérieux: où se situe le pivot pour l'intégration locale des services sociosanitaires? Les *Orientations* ont proposé un outil, à savoir un conseil d'administration unifié intégrant les établissements du territoire à l'aide d'une structure de gestion légère de type «consensuel»: le comité des directeurs d'établissements. La rumeur veut que ceci soit un premier pas vers une intégration plus poussée (genre «ensembles de santé» à direction unique) promue par certains technocrates ministériels. La proposition des conseils d'administration unifiés semble déplaire à peu près à tout le monde, de l'AHQ à la FCLSC, pour des raisons cependant partiellement différentes. L'AHQ y voit surtout de l'uniformisation (elle tait l'idée que cela constitue une brèche dans l'autonomie des hôpitaux), les CLSC s'opposent également à une formule trop rigide et craignent la dilution du caractère spécifique et local des CLSC. Plusieurs observateurs attirent l'attention sur le danger de perte d'appartenance (au plan du personnel comme du conseil d'administration). Plusieurs suggèrent au Ministère de prendre plutôt la voie des fusions volontaires (qui, en fait, se multiplient sur le terrain) et la voie de la diversification locale (des ententes de services à d'éventuels ensembles de santé, en passant par des fusions). Certains (Bozzini et Contandriopoulos, 1990) suggèrent la voie de la sectorisation. D'autres solutions sont également envisagées: la Fédération des CLSC, par exemple, jongle avec l'idée d'un mécanisme responsable de la planification et de la coordination de tous les services de première ligne du territoire (ce qui inclurait autant les cliniques privées que les groupes communautaires).

Si le Ministère et les acteurs diffèrent sur les formules employées, ils convergent cependant vers la nécessité d'une meilleure intégration des services sociosanitaires au sens étroit du terme. Mais allons plus loin. Si on parle d'action intersectorielle, quelle instance locale (municipalités, MRC) est prête à jouer le jeu? Quelle est la force de nos institutions locales? C'est ici, je crois – dans la faiblesse des institutions locales – que le bât blesse. Un des problèmes qui a nui considérablement au développement des CLSC n'a-t-il pas été le fait que – créés comme institutions sociosanitaires de première ligne – ils ont dû pallier l'absence d'institutions locales fortes de développement économique et social?

Godbout (1988b), partisan de la décentralisation la plus locale possible, constate que les municipalités ne sont pas prêtes à s'occuper du secteur sociosanitaire. Il suggère qu'on arrête de théoriser et qu'on laisse se développer la décentralisation et l'intégration localement diversifiées, selon les volontés des divers acteurs locaux (MRC, municipalités, établissements, groupes communautaires). Une telle anarchie pourrait sans doute difficilement être institutionnalisée sur le plan juridique, mais la diversification d'expériences-pilotes pourrait être féconde.

Encore une fois, je crois que le *Rapport Rochon* et les *Orientations* ont attiré l'attention sur un problème crucial, soit l'intégration locale du réseau sociosanitaire, mais également celui du développement de la démocratie locale qui, sans qu'elle doive être prise pour une panacée, comme le rappelle fort à propos Groulx (1988), apparaît inévitable. Ces deux documents proposent également un pas en avant dans la démocratisation avec le renforcement de la présence des citoyens dans les conseils d'administration. Finalement, il faudra bien en venir à des propositions concrètes, branchées sur les possibilités et les volontés du milieu, et non seulement se contenter d'appels abstraits à une plus grande démocratie.

CONCLUSION

J'ai essayé de cerner dans ce texte quelques-unes des perspectives proposées par le *Rapport Rochon* et les *Orientations* qui m'apparaissent prometteuses pour le développement du réseau sociosanitaire, plus largement pour le développement de notre société. D'autres points auraient mérité d'être relevés, en particulier l'accent mis par la Commission et les *Orientations* sur une double nécessité, soit d'assurer des services personnalisés respectant l'autonomie des personnes, invitant même la participation des personnes, et potentialiser le travail l'interaction avec les «milieux naturels» (familles, réseaux, groupes communautaires). À cet égard, plusieurs propositions concrètes sont déposées: meilleure reconnaissance des groupes communautaires, amélioration de l'accueil et de l'orientation, plan de services individualisé, qualité des services comme critère d'évaluation, protection des droits des usagers, etc. Les *Orientations* proposent également le lancement d'un débat public sur la reconnaissance des «médecines alternatives». Ceci, en plus des points développés ci-dessus, nous éloigne, à mon avis, du renforcement de l'hégémonie médicale et de la «consommation passive».

Les documents étudiés sont imparfaits, incomplets, mais à trop vouloir les critiquer, on renforce justement les forces conservatrices qui ne se gênent pas pour les rejeter du revers de la main. Je crois au contraire qu'ils renferment des constats précieux et des perspectives intéressantes à partir desquelles les acteurs se situant dans la ligne du progrès peuvent contribuer, à préciser des solutions concrètes.

Bibliographie

ASSOCIATION DES HÔPITAUX DU QUÉBEC (AHQ) (1990). *Mémoire à la Commission parlementaire*, janvier.

BÉLANGER, Jean-Pierre (1990). «Comment désengorger les urgences... malgré les urgences parfois: une analyse des systèmes 24/7 des CLSC», *CLSC-Express*, avril.

BÉLANGER, Jean-Pierre (1988). «La santé communautaire à travers le rapport de la Commission Rochon», *Bulletin de l'Association pour la santé publique du Québec*, juin.

BÉLANGER, Paul (1988). «Santé et services sociaux au Québec: un système en otage ou en crise? De l'analyse stratégique aux modes de régulation», *Revue internationale d'action communautaire*, 20/60, 145-156.

BOZZINI, Luciano et André-Pierre CONTANDRIOPOULOS (1990). «La privatisation n'est pas la solution», *Le Devoir*, 21-22 février.

CASTONGUAY, Claude (1990). «Ouvrir le système à la concurrence», *Le Devoir*, 25 janvier.

COMMISSION D'ENQUÊTE SUR LES SERVICES DE SANTÉ ET LES SERVICES SOCIAUX (1988). *Rapport*, Québec, Les Publications du Québec.

GODBOUT, Jacques T. (1988a). «Une commission en otage», *Relations*, juin.

GODBOUT, Jacques T. (1988b). «Des grandes solutions pour des petits problèmes... À propos de la décentralisation», *Revue internationale d'action communautaire*, 20/60, 139-143.

GROULX, Lionel (1988). «La décentralisation du social: une solution pour quoi, pour qui?», *Canadian Review of Social Policy / Revue canadienne de politique sociale*, n° 22, novembre, 71-79.

LESEMANN, Frédéric (1988). «Le *Rapport Rochon*: l'introuvable consensus», *Revue internationale d'action communautaire*, 19/59, 137-143.

GOUVERNEMENT DU QUÉBEC (1989). *Pour améliorer la santé et le bien-être au Québec, Orientations*, Québec, ministère de la Santé et des Services sociaux, avril.

GOUVERNEMENT DU QUÉBEC (1987a). *Rapport du Comité d'analyse des services dispensés par les CLSC*, Québec, ministère de la Santé et des Services sociaux, mars.

GOUVERNEMENT DU QUÉBEC (1987b). *CRSSS et décentralisation de 1972 à 1987: bilan d'une recherche*, Québec, ministère de la Santé et des Services sociaux, octobre.

VAILLANCOURT, Yves (1989). «De Rochon à Lavoie-Roux: une introduction au dossier», *Nouvelles pratiques sociales*, vol. 2, n° 1, printemps, 23-36.

L'événement Femmes en tête

Danielle FOURNIER
École de service social
Université de Montréal

et Lyne KURTZMAN
Service aux collectivités
Université du Québec à Montréal
membres du conseil d'administration
de Femmes en tête

Pourtant attaqué sur beaucoup de ses flancs, le projet multi-pattes Femmes en tête a connu un succès d'une ampleur inégalée dans le mouvement féministe québécois. Que l'on songe à la controverse liée à la contribution de Lise Payette à titre de présidente d'honneur, à l'option d'un forum pour femmes seulement, aux inévitables conflits de nature politique et interpersonnelle qui ont émergé en cours de route: tous ces éléments ont ébranlé le projet à l'une ou l'autre de ses phases préparatoires: du bilan québécois des groupes-femmes au forum «Les 50 heures du féminisme», en passant par le spectacle géant à l'Aréna Maurice-Richard. Mais dans le feu de l'action des tous derniers jours, on sentait bien qu'il allait se passer «quelque chose»...

Dès la première des «50 heures du féminisme», le vendredi soir 27 avril, le ton y était, le message limpide: nous, les femmes, on est là. Que les personnes qui proclament que le féminisme est révolu se ravisent: plus de 3500 femmes ont participé aux quelque 250 activités se déroulant à l'UQAM, alors que 5000 personnes (la presque totalité des femmes) ont assisté au spectacle Femmes en tête d'affiche. Au-delà de cette très forte participation, c'est l'enthousiasme et l'émotion intense, phénomène d'ailleurs bien rendu par la plupart des médias, qui a caractérisé chaque instant de ce chaud week-end d'avril. Pour les divers groupes de femmes qui ont bâti Femmes en tête, le défi est relevé: le mouvement des femmes, malgré sa diversité, est toujours vivant et capable de ralliement. La réussite de l'événement est la preuve de l'à-propos de leurs luttes.

Concrètement, comment se sont déroulés les trois jours du forum? Vendredi soir, 19 heures, c'était la soirée d'ouverture, la fête. Des centaines de femmes se sont réunies dans une marche symbolique jusqu'à l'UQAM, grande place du Judith-Jasmin où une courte cérémonie a eu lieu en présence des 50 marraines, de la présidente d'honneur et de quelques personnalités politiques. Les marraines ont levé leur verre aux différents groupes de femmes du Québec à qui le forum rendait principalement hommage. Le bilan des groupes de femmes du Québec *De travail et d'espoir: des groupes de femmes racontent le féminisme,* édité chez Remue-ménage, a été lancé de façon théâtrale.

Les samedi 28 et dimanche 29 avril, les milliers de participantes ont eu l'occasion, entre autres, de discuter de leurs nouvelles préoccupations, telles l'environnement, le nationalisme, les familles recomposées; de faire un retour sur des réalités encore d'actualité comme la pornographie, le travail au foyer, l'équité salariale, le pouvoir, la violence...; de prendre part à des grands débats autour de questions telles que «La maternité: aliénation ou pouvoir?» ou encore «Le prix à payer pour accéder au savoir».

Les formules originales, comme le courrier du cœur féministe, les jeux-questionnaires sur l'amour, le casino, le référendum sur la fécondité, les ateliers sur les médecines douces, l'ésotérisme et la spiritualité ont été fort courus. Mis à part le grand spectacle Femmes en tête d'affiche du samedi soir, télédiffusé aux «Beaux dimanches» le 6 mai à Radio-Canada, il y avait pas moins d'une trentaine d'activités culturelles au menu: 8 pièces de théâtre, 7 films, des dizaines de vidéos en continuité, 7 expositions d'arts visuels et de photos et une foire du livre. Le forum a été pensé comme un lieu de rassemblement ouvert, à la fois un centre des affaires privées et de la vie publique. La question sous-jacente était où en sommes-nous et comment allons-nous affronter le prochain tournant de siècle.

Une ombre au tableau, cependant, fut sans contredit le douloureux débat lié au départ du Collectif des femmes immigrantes de Femmes en tête. C'est avec un grand regret que nous avons vécu l'absence aux «50 heures» de quasiment tous les groupes de femmes des communautés culturelles du Québec. Si toute cette question a placé les organisatrices de Femmes en tête devant un dilemme impossible à résoudre, à savoir renoncer à la présidence d'honneur de Mme Payette, il reste que cette crise[1] a eu le mérite de servir de révélateur d'un enjeu important tant pour le mouvement des femmes que pour la société québécoise. La place et le rôle des immigrants et immigrantes dans notre société sont des questions d'avenir que nous ne pouvons pas éluder.

Toutes les femmes, individuellement, ont besoin à différentes étapes de leur existence de se retrouver entre elles pour faire le point sur leur vie. Le forum soulevait la question sous l'angle collectif: Est-ce que collectivement nous avons besoin maintenant d'un lieu de rencontres, de débat, d'un temps d'arrêt pour regarder le chemin que nous avons parcouru depuis 50 ans et pour préfigurer ce que nous voulons pour l'avenir? Est-ce que nos acquis sont suffisamment stables et les rapports entre les sexes devenus assez égalitaires pour ouvrir largement aux hommes ce rendez-vous exceptionnel?

Peu d'hommes auraient participé, il est vrai, et s'il faut reconnaître que certains d'entre eux auraient pu avoir un apport positif, il faut aussi admettre que le comportement verbal stéréotypé d'autres hommes aurait pu altérer le climat de convivialité et de coopération qui s'est répandu comme par magie à travers les discussions. L'expérience quotidienne nous montre qu'il suffit encore parfois de peu, dans les discussions mixtes entre femmes et hommes où il est question de problématiques chères aux femmes notamment, pour que des malaises surgissent[2].

La façon dont Femmes en tête a travaillé à la réalisation des événements est à l'image du fonctionnement vécu dans beaucoup de groupes de femmes. À l'interne, nous avons dû tenir compte de différentes tendances idéologiques soutenues par les 350 groupes mandataires, subir les clivages entre les professionnelles et les militantes, entre les femmes œuvrant dans les universités et celles engagées dans des groupes. Aussi, la sensible question des rapports de pouvoir vécus «au féminin» (rejet plus ou moins conscient des manifestations du pouvoir) a traversé quotidiennement le projet.

---

1. En conférence de presse, le 5 décembre 1989, le Collectif des femmes immigrantes réitère publiquement sa décision de démissionner de Femmes en tête et des événements entourant le 50ᵉ anniversaire du droit de vote des Québécoises. Le Collectif siégeait au Conseil d'administration de Femmes en tête depuis le printemps 1988 avec le mandat d'assurer le lien avec les groupes de femmes des communautés culturelles du Québec. Suite à la diffusion un an plus tard (printemps 89) de l'émission «Disparaître» à Radio-Canada animée par Lise Payette, le Collectif se retire de Femmes en tête. C'est le maintien de cette dernière au titre de présidente d'honneur qui provoque le départ du Collectif, celui-ci étant en désaccord avec le ton des propos tenus sur l'immigration dans cette émission.

2. À ce sujet, il faut lire les recherches allemandes sur les attitudes verbales des hommes et des femmes en contexte universitaire parues dans *L'École des femmes*, un recueil de textes édité en 1986 par le Groupe interdisciplinaire pour l'enseignement et la recherche féministes (GIERF) de l'UQAM.

Ces éléments brièvement exprimés feront l'objet d'une analyse plus approfondie à l'occasion du bilan de Femmes en tête prévu pour l'automne prochain. Pour ce qui est des enjeux et des idées soulevés dans le cadre du forum, nous préparons des actes illustrés qui seront disponibles prochainement.

À en juger par la participation des femmes issues de toutes les régions du Québec, de tout âge et de toutes les obédiences, on peut sans prétention croire que ce fut un moment historique dont on ne peut, au moment présent, saisir toutes les retombées pour les femmes et le mouvement des femmes.

Jean Marchand,
autrefois

Pierre VADEBONCŒUR

Le présent texte a été publié dans Nouvelles CSN *n° 283,
en janvier 1989. Nous remercions vivement Pierre Vadeboncœur ainsi que Jean-Pierre Paré de nous avoir gentiment
autorisés à le publier de nouveau dans notre revue.*

Quand Jean Marchand fut élu secrétaire général de la CTCC (CSN), il devait avoir à peu près 28 ans. C'était très jeune. Mais il possédait des qualités tout à fait exceptionnelles: vive intelligence, jugement sûr, esprit critique, tempérament passionné, sincérité évidente, sans parler d'une éloquence extraordinaire de tribun, comme on n'en rencontre pas plus de deux ou trois par siècle dans un pays. C'était il y a une quarantaine d'années. C'est dans la nuit des temps. Un certain nombre de personnes, impressionnées à juste titre, voyaient en lui l'espoir de notre génération, non seulement pour le syndicalisme, mais pour le pays lui-même. Cette opinion n'était pas déraisonnable alors. Le fait est que, dans la centrale, il devint tout de suite, avec Picard et sur un pied d'égalité avec lui, l'âme dirigeante du mouvement. Dès 28 ou 29 ans, je le répète.

UN RÉALISTE

La CSN lui doit beaucoup. Je puis en témoigner directement, l'ayant vu à l'œuvre de 1950 à 1965. Certes, à partir d'un certain temps, il ne se montra plus à la hauteur des grands espoirs qu'il avait soulevés et je tenterai de dire comment ou pourquoi. Mais sur 7, 8 et peut-être 10 ans, en tandem avec Picard, il fut au tout premier rang de ceux qui, d'une main sûre, faisaient progresser une CSN en butte à d'âpres difficultés et en rapide évolution. Il contribua à cette évolution, d'une manière positive certes, mais aussi par un don de prudence qui constamment tendait à éviter à la centrale les exagérations, les excès et les faux pas, autant de dangers qui guettent sans cesse un mouvement qui se modernise et se radicalise.

Un certain nombre de choses caractérisaient alors Marchand et tout d'abord, le sens des responsabilités. Il n'appartenait pas, par son passé, à la classe ouvrière, mais il est clair qu'il travaillait pour elle de la manière la plus engagée. À l'époque dont je parle, Marchand était sans doute animé par une conviction totale autant que par un réalisme dont on se rendait compte à la façon dont il jugeait les situations. Il jugeait les situations, mais il jugeait aussi les individus prestement et d'une manière redoutablement nette (trop nette peut-être, trop entière). Il avait ce qu'on appelle le coup d'œil. Il supportait particulièrement mal les personnes d'un jugement qu'il estimait douteux. Sur ce point, il se montrait tranché, parfois tranchant, trop. Cela le faisait parfois verser dans le conservatisme et dans le rejet de l'imagination et des audaces nécessaires. Mais, règle générale, il tenait la barre d'une main ferme et d'une manière remarquablement avisée.

Marchand est un de ceux qui ont fait la Révolution tranquille avant la lettre: dans la Centrale d'abord, et aussi à la faveur du nouveau rayonnement de celle-ci dans la société québécoise des années 50. Des réseaux de résistance au duplessisme se constituaient alors et les personnes qui participaient à cette résistance multiple se rencontraient forcément: la CSN, certains libéraux du temps de Georges-Émile Lapalme, des intellectuels comme ceux de la revue *Cité libre*, des journalistes comme quelques-uns du quotidien *Le Devoir*, des avocats extérieurs au mouvement syndical comme Jacques Perrault, des professeurs d'université, notamment à Québec, enfin, nombre d'esprits progressistes qui cherchaient à libérer le Québec des forces par trop réactionnaires en général et de Maurice Duplessis en particulier.

LE DÉCLIN

Pourtant, il y eut chez lui déclin. Pour quelles causes? Ses dons étaient étonnants, nombreux. Sa bonne foi ne fait pas de doute. Néanmoins, il y avait chez lui un problème. Marchand était un être complexe, hypersensible, porté à la mélancolie, et sa fermeté existait moins dans ses profondeurs que dans sa conduite extérieure, je croirais. Il était aussi assez travaillé par l'orgueil et l'ambition. J'ai vu ce déclin, dont quelques-uns s'apercevaient. Marchand devenait moins hardi, moins décidé; les situations syndicales difficiles l'inquiétaient maintenant exagérément. Pas mal plus tard, Picard, qui à ma connaissance ne parlait pourtant jamais en mal de personne (il était au-dessus de cela), m'a dit (c'était au début des années 60) en parlant de Marchand: «Il a eu la peur de sa vie en 1949 pendant la grève de l'amiante, devant l'ampleur du mouvement déclenché, et il ne s'en est jamais relevé.» Cette parole m'a frappé. Je connaissais l'émotivité de Marchand. Je l'avais vu de moins en moins assuré, et bien des militants en étaient venus à lui reprocher ses attitudes hésitantes.

Dès avant 1960, je suis persuadé qu'il ne cherchait plus sa voie dans le seul syndicalisme. Il lorgnait du côté de la politique depuis 1955 ou 1956. L'époque se prêtait du reste à cela, car enfin, il est bien certain qu'il fallait combattre Duplessis et son régime, de même que toutes les vieilleries. Mais toujours est-il que vers 1960 ou 1962, il méditait sur l'idée de sauter carrément dans la politique. Il m'a dit, vers ce temps-là, que lui et notre génération avaient maintenant 40 ans bien sonnés et que si nous voulions faire quelque chose de ce côté-là, il était grand temps de nous décider. Il passait pour proche du Parti libéral nouvellement au pouvoir à Québec. Nous approuvions sa politique d'apaisement avec l'État, car à ce moment-là, au début de la Révolution tranquille, il s'agissait de profiter d'une accalmie avec le gouvernement pour obtenir des gains importants, législatifs ou autres, que le mouvement syndical, par son habileté, obtint effectivement. Mais, dans le détail, les syndiqués se méfiaient. Il avait tenté de s'immiscer dans les négociations de la première grève des employés des Alcools, en 1964. Les intéressés l'avaient jugé trop près du pouvoir, avec raison. Autre exemple: un syndicat de journalistes lui avait exprimé son peu de confiance, pour la même raison.

SA DÉMISSION: UNE FIN DE CARRIÈRE

Marchand quitta le mouvement au printemps de 1965. Plusieurs militants et permanents en étaient réellement à souhaiter son départ. Il avait certes rendu de très grands services à la CSN, aux travailleurs, au mouvement syndical et social. Mais il était devenu trop irrésolu dans ses actes et dans son orientation. Il avait d'ailleurs fini par trop mettre son personnage en cause dans ce qu'il faisait, dans ce qu'il ferait. Il se voyait trop ailleurs, dans un grand rôle. En réalité, hélas! il se dirigeait vers une sorte de fin de carrière assez peu digne de ses débuts, qui avaient été tellement prometteurs.

Un jour, cette année-là, j'étais dans le bureau de Marcel Pepin lorsque ce dernier m'annonça le départ de Marchand. Marcel paraissait troublé. Pour ma part, franchement, je pensais que Marchand, qui avait fait beaucoup, avait fait aussi son temps. «Mais il n'y a personne pour le remplacer! Qui peut prendre sa place?», s'exclama Marcel. «Qui peut prendre sa place?, répliquai-je. C'est simple: toi.» Pepin doutant de soi, ne sembla pas sur le moment croire que c'était une bonne idée. Il avait tort.

L'insertion
par l'économique
en France

Jean-Louis LAVILLE
*Centre national
de recherche scientifique
Paris*

Le présent article présente un bilan de certaines politiques et pratiques sociales visant le relèvement de l'employabilité des jeunes chômeurs et chômeuses en France. Il nous apparaît particulièrement intéressant pour faire suite au dossier «Chômage et travail» publié dans notre dernier numéro. N.D.L.R.

Le système éducatif n'arrive pas à résorber l'exclusion massive que provoque la modernisation du système économique. Face à la gravité du problème de l'exclusion dans les mutations en cours, à défaut d'une solution globale, se dégagent des initiatives innovatrices. C'est le cas de «l'insertion par l'économique» qui est un thème de débat constant depuis plus d'une décennie.

L'objet de cette contribution est de préciser le contenu de cette notion d'insertion par l'économique à travers la récapitulation des principaux repères chronologiques qui composent la trame de son histoire. Par la reconstitution des différentes phases qui ont amené à la construction de cet objet se profilent en effet des enjeux qui portent sur les recompositions des politiques publiques, sur les transformations de la notion de travail et sur les changements dans les approches sociales et pédagogiques concernant les catégories de population les plus en difficulté.

UN SUBSTITUT À L'ASSISTANCE SOCIALE

À partir du milieu des années 70, la montée des différentes formes de pauvreté et les limites financières auxquelles se heurte le système de redistribution entraînent des interrogations pressantes sur l'efficacité des méthodes employées par les travailleurs sociaux. Crise d'identité et remise en cause de la répartition des revenus de transfert assurée par l'État-providence se conjuguent pour expliquer le lancement d'initiatives nouvelles.

À partir de 1979, la *circulaire 44* du ministère de la Santé et de la Sécurité sociale fournit le cadre légal utilisable pour de telles initiatives[1]. Elle préconise des «centres d'adaptation à la vie active» ou «communautés de vie», «des structures de travail protégé destinées à faciliter la réinsertion sociale des personnes menacées d'inadaptation». Aux moyens qu'elle prévoit s'ajoutent ensuite des mesures ponctuelles prises par des organismes publics (le Fonds social européen, le Fonds d'action sociale pour les travailleurs immigrés, le ministère de la Justice, des collectivités locales, etc.) ou par des organismes privés à vocation sociale (la Fondation de France, Emmaüs, le Secours catholique français, etc.).

Grâce à ces moyens apparaissent en majorité, au début des années 80, des projets d'institutions du travail social réalisés par certains de leurs salariés, dont les postes auraient été souvent menacés s'ils n'avaient pas

---

1. Les passages entre guillemets dans ce paragraphe sont extraits de la *circulaire 44* du 10 septembre 1979 du ministère de la Santé et de la Sécurité sociale. Elle fait suite à la loi du 19 novembre 1974 prévoyant la création de telles structures de travail protégé et à une première circulaire datée du 15 juin 1976.

amorcé une reconversion professionnelle. Les promoteurs restent salariés de leurs institutions d'origine même si une association ad hoc est créée pour mener à bien ces projets. Ils assurent des activités d'accueil, de préformation ou de formation professionnelle qui ont toutes pour but un «réentraînement au travail et à l'effort». Les jeunes concernés sont généralement stagiaires de formation et leurs rémunérations varient suivant les différents publics. Quant à la production, elle est plutôt définie à partir de préoccupations idéologiques (l'utilité sociale prime) ou à partir de caractéristiques de faisabilité (on privilégie la facilité d'accès pour le public et on minimise les investissements). Ces ateliers, s'ils permettent une première prise de contact avec le travail, sont dominés par l'aspect social.

Se différencient de cette tendance majoritaire des projets d'acteurs du travail social où la mobilisation d'énergies se réalise autour de personnes qui deviennent les gestionnaires des entreprises créées. Ces acteurs ont non seulement une vision critique mais une expérience du travail social enrichie par des acquis dans d'autres champs professionnels. Leurs projets trouvent comme partenaires des organisations distantes du travail social traditionnel, parmi lesquelles figurent en première place certaines associations d'éducation populaire dont les unions de foyers de jeunes travailleurs. Ce n'est plus une mission pédagogique qui est réalisée avec un appui économique mais l'économie est plutôt considérée comme la base même de l'éducation. Par rapport aux statuts discriminatoires dont sont victimes les individus en difficulté sociale, la réinsertion ne peut venir que de l'accès à un statut non dérogatoire de salarié.

L'argent ne suffit pas cependant: le choix du produit doit faciliter à la fois l'apprentissage et l'autonomisation financière de la structure. Plusieurs critères sont mis de l'avant: rentabilité financière, pertinence dans le milieu local, identification à un métier, symbolique forte de l'activité. Il existe dans ces cas une critique implicite du travail industriel taylorisé, parcellisé et dénué de sens pour les exécutants, ce qui génère la mise en place de processus de concertation avec les personnes en insertion.

Enfin se développent quelques projets d'acteurs collectifs formés par des groupes qui constituent a priori le public du travail social. Contrairement aux deux premiers types, ils ne visent pas seulement à favoriser une transition et à faciliter le retour sur le marché du travail, mais à créer des entreprises procurant des emplois permanents aux exclus.

Les différences de pratiques soulignent les ambiguïtés de dispositions législatives. La *circulaire 44*, principale pourvoyeuse de fonds, différencie les handicapés physiques, sensoriels ou mentaux. Cependant, les centres destinés aux handicapés sociaux ne doivent pas être confondus avec les «centres d'aide par le travail» réservés aux autres handicapés. Ici, l'activité productive n'est plus considérée en soi comme thérapeutique par son seul caractère occupationnel. Contrairement à ce qui se passe pour les handicapés qui reçoivent une pension, la rémunération est gage d'autonomie. Cependant, le discours reste flou: «Les rétributions, en l'état actuel des textes, ne revêtent pas le caractère d'un salaire». «Leur montant variera en fonction du rendement individuel». «Plus les conditions se rapprocheront de la normale, plus les rétributions seront élevées en vue de constituer une incitation à ne pas rester en milieu protégé».

Tout cela ne va pas sans contradictions. Le refus d'assimiler la rétribution à un salaire maintient un statut stigmatisant par rapport au droit commun. Comme l'atteste l'expression «handicapé social», ces mesures, tout en étant dissociées de celles touchant les handicapés, s'inscrivent dans leur prolongement. On postule une norme sociale implicite, l'insertion professionnelle, par rapport à laquelle se mesure un manque ou une inadéquation qui nécessite un traitement. Il s'agit plus d'un redéploiement des modalités de l'aide sociale que d'une rupture avec celle-ci, d'où cette prédominance de projets d'institutions par rapport aux projets d'acteurs qui ont du mal à se mouler dans ce cadre institutionnel rigide.

UN SUBSTITUT À LA FORMATION

De 1977 à 1983, la formation professionnelle est perçue comme une réponse au problème et le programme rejoint plus de 700 000 jeunes. Après les résultats décevants des pactes pour l'emploi menés de 1977 à 1982 avec l'accession d'un gouvernement de gauche, une nouvelle politique est lancée sous la coordination d'une délégation pour favoriser l'insertion professionnelle et sociale des jeunes en difficulté. Mais là encore, le dispositif qui visait à ce que tous les jeunes acquièrent un diplôme n'atteint ses objectifs que dans le cadre d'une minorité. La formation devait mener à la qualification et permettre de trouver un emploi, mais cet enchaînement ne fonctionne pas comme prévu. Le chômage des jeunes de moins de 25 ans continue de s'aggraver: 15 % de la population active en 1980, 24,4 % en 1984. Le *Rapport Malglaive* (1985) évalue le programme en 1983 et conclut abruptement que «la formation ne conduit pas à l'emploi».

Entre 1984 et 1986 s'opère un renversement de perspectives. Les limites décelées dans les stages de formation transforment fondamentalement la notion d'insertion. L'immersion dans le monde du travail précède la formation qui doit compléter les acquis obtenus aux postes de travail et aider à résoudre les questions qui s'y posent. Cette articulation nouvelle se traduit par la généralisation des formations en alternance, contrats de travail particuliers incluant des formations complémentaires en échange d'une aide accordée par l'État à l'employeur. Elle va se traduire également par l'élargissement du champ de l'insertion par l'économique. Puisque le nombre de jeunes en difficulté augmente avec la diminution des postes proposés par les entreprises, l'insertion par l'économique accroît son public potentiel. Comme il importe d'abord de multiplier les occasions d'intégration au système productif, des entreprises à vocation sociale peuvent y contribuer et jouer un rôle qu'assumaient antérieurement les petites et moyennes entreprises et l'artisanat.

La circulaire du 24 avril 1985 met en place «un programme expérimental de soutien aux entreprises intermédiaires»[2]. Les débats qui la précèdent sur les statut des personnes, salariées ou stagiaires, montrent la perturbation qu'elle introduit par la volonté du législateur de décloisonner l'économique et le social. Le contenu du texte définitif démontre la nette intention du ministère du Travail d'arrimer plus nettement ces expériences dans la sphère économique. «L'entreprise intermédiaire a une double nature: c'est une véritable entreprise créant des emplois durables et produisant des biens et services aux conditions du marché, mais elle assure en même temps et par là même, au bénéfice de la collectivité, une fonction d'insertion des jeunes qui occupent des emplois pendant quelques mois.» Les jeunes sont embauchés pour une durée indéterminée et sont salariés. Seuls leurs postes sont partiellement financés par une subvention et non plus les postes d'encadrement. «La subvention est destinée à compenser l'insuffisante productivité des jeunes.» La fixation d'un taux de ressources propres, la mise à disposition de fonds pour des études de faisabilité et de vérification s'ajoutent à l'aide directe dans le but de donner de la crédibilité à la démarche entrepreneuriale. En s'assurant de la bonne gestion, les initiateurs cherchent à désamorcer les accusations de concurrence déloyale de la part d'organisations socioprofessionnelles.

Le programme «Entreprises intermédiaires» regroupe, au début de 1986, environ 200 entreprise offrant 2 000 postes de travail à des jeunes. Quant aux créations par les jeunes eux-mêmes, les réalisations restent trop rares et isolées pour qu'un bilan raisonné puisse être tracé et seules quelques rares réalisations émergent, comme à Lille.

---

2. Les passages entre guillemets dans ce paragraphe sont extraits de la circulaire du 24 avril du ministère du Travail, de l'Emploi et de la Formation professionnelle, relative au programme expérimental de soutien aux entreprises d'insertion.

APPORTS ET LIMITES D'INSERTION PAR L'ÉCONOMIQUE

Insertion par l'économique et traitement social du chômage

Le principal axe de l'insertion par l'économique, à savoir le programme «Entreprises intermédiaires», a été supprimé par une circulaire du 26 décembre 1986 avant d'être rétabli à la fin de 1988 sous sa forme antérieure. Par-delà la péripétie attribuable à l'alternance politique, cette éclipse est symptomatique des résistances administratives que suscite la démarche (Amade, 1986). Ces programmes sont pourtant efficaces, car les trop rares évaluations connues démontrent que 60 % des jeunes accueillis, en moyenne, trouvent une issue favorable à la sortie, 40 % accèdent à un emploi et 20 % à un stage de formation (Centre interdisciplinaire méditerranéen d'études et de recherches en sciences sociales, 1986) Ces résultats quantitatifs prennent à contre-pied les exigences politiques. Pour pallier aux phénomènes de pauvreté et de précarité, un ensemble de mesures désignées par l'appellation générique de «traitement social du chômage» s'est perfectionné. Elles aboutissent toutes à la segmentation des publics, au contrôle des organismes d'accueil et à la limitation des marchés non concurrentiels; les travaux auxquels elles donnent lieu sont des tâches d'intérêt général ou collectif. L'ampleur de cette tendance incite à les mettre en perspective avec l'insertion par l'économique, pour situer leurs rôles respectifs dans une société perturbée par le chômage de masse (Eme et Laville, 1988: 80-83).

La société se fragmente en trois groupes:

- Les actifs, qui occupent un emploi régi par un statut de droit commun;

- Un volant de main-d'œuvre situé aux marges de l'emploi, du chômage, de la formation et de l'inactivité qui supporte les conséquences des mutations structurelles;

- Les exclus de l'emploi, chômeurs de longue durée, préretraités ou ceux qui ont renoncé à chercher un emploi (Thélot, 1986).

Les séparations entre ces groupes sont de plus en plus minces. Dans ce contexte, le traitement social du chômage a pour fonction de permettre des passages entre le deuxième et le troisième groupe pour éviter que ne se forme une masse de chômeurs à vie. L'insertion par l'économique était au départ beaucoup plus modeste et était conçue pour les plus marginalisés; maintenant, elle affiche une plus grande ambition en voulant ramener les membres des troisième et deuxième groupes dans le premier. Pour ce faire, elle table sur deux idées-force. D'abord, les itinéraires d'insertion nécessitent la durée et ne peuvent être gérés dans l'urgence; les solutions traditionnelles, au premier rang desquelles figure la formation, ne sont plus adaptées aux jeunes qui refusent le système éducatif ni aux chômeurs de longue durée ni aux salariés en reconversion qui sont tous rétifs à l'univers scolaire. Les partisans de l'insertion par l'économique s'insurgent de fait contre les clivages institutionnels entre éducation et économie, entre redistribution sociale et économie. En conséquence, ils plaident pour une imbrication du social, du pédagogique et de l'économique par des formes d'économie mixte locales. Cette deuxième idée appelle de nouveaux modes d'action publics, pour l'instant au stade du balbutiement, où le central vient conforter les volontés exprimées localement. L'économie mixte est devenue une réalité et une nécessité au plan national dans les sociétés développées, quelles que soient les dénégations des néo-libéraux. Mais l'implantation de cette économie mixte au plan local n'est pas effective aujourd'hui alors que pourtant, les systèmes complexes réclament des auto-régulations décentralisées.

Hétéro-insertion et auto-insertion

Les différentes initiatives recourent généralement à deux stratégies. Dans la première, la stratégie *d'hétéro-insertion,* des promoteurs qui ne se limitent plus aux seuls intervenants du travail social sollicitent différentes contributions pour insérer des bénéficiaires. Certains promoteurs prolongent néanmoins les premiers projets d'institutions du travail social et insistent sur la remise au travail et l'apprentissage des règles. Il s'agit de retrouver le «goût de l'effort», de réapprendre à «arriver à l'heure» selon une conception empreinte du *casework.* Les contraintes propres à la situation de salarié dans une entreprise opérant sur le marché sont par essence des vecteurs d'intégration professionnelle et sociale.

D'autres promoteurs, s'inscrivant dans la lignée des projets d'acteurs pionniers, dépassent ces référents comportementalistes. Pour sortir de la dépendance et des conduites d'échec répétées, ils parient sur des mises en mouvement culturelles et engendrées par des modes d'organisation socio-économique mobilisant l'énergie sur la recherche du positif et l'identification des ressources. L'emploi transitoire déborde le seul apprentissage des contraintes pour s'ouvrir à des expériences relationnelles fondées sur la reconnaissance mutuelle, la solidarité, l'entraide, l'identité autour de la professionnalité, la participation directe des intéressés et la contractualisation. Le travail ne devient un vecteur d'insertion que lorsqu'il engendre un lien social, fournissant ainsi des repères et des supports moyens d'identification nécessaires à une autonomie existentielle.

La stratégie d'*auto-insertion* repose sur une dynamique propre aux groupes exclus comme des projets d'acteurs collectifs qui en ont été les premières manifestations. Elle s'enclenche soit à partir d'initiatives indépendantes, soit par le biais d'institutions ou d'associations dont l'action est progressivement reprise à son compte par un groupe décidé à sortir de la situation qu'il subit. À travers une identité collective peu à peu construite, le groupe réunit les moyens de son projet, cheminement difficile dans lequel les interventions extérieures ont tendance à rabattre le projet sur les logiques strictement sociales ou économiques sans reconnaître sa transversalité.

La problématique de l'insertion par l'économique risque toujours d'être ramenée à la seule stratégie d'hétéro-insertion, plus familière aux professionnels de l'action sociale et aux interlocuteurs administratifs. C'est autour de cette stratégie que s'organise une représentation des intérêts communs avec les unions régionales d'entreprises d'insertion. La focalisation du débat sur l'enjeu des «entreprises intermédiaires», puis des «entreprises d'insertion par l'économique», a occulté un réflexion approfondie sur l'ingénierie socio-économique susceptible de soutenir les démarches d'auto-insertion. Les avancées dans ce sens se réduisent à quelques mesures temporaires et à quelques instruments qui n'envisagent pas d'accompagner les créateurs dans leurs démarches.

Précédés des grands effets d'annonce, mais conçus dans l'atomisation et le manque de cohérence, ces instruments donnent parfois l'impression qu'ils ont davantage pour fonction de rappeler la présence des institutions qui les parrainent que de fournir un outillage opérationnel aux acteurs. Pourtant, les quelques données disponibles sur l'auto-insertion mettent en évidence les bénéfices marginaux des projets dont les résultats sont négligeables au seul plan économique; par contre, pour des personnes en difficulté, les effets d'apprentissage s'avèrent supérieurs à ceux qu'engendrent les stages de formation ou les autres formules d'insertion vers lesquelles ils sont habituellement dirigés (Agence pour le développement de l'économie locale, 1989).

VERS UNE ÉCONOMIE SOLIDAIRE?

Le rapprochement entre pédagogie et économie, sur lequel reposent les initiatives d'insertion par l'économique, contient en germe les dérives possibles: sélection insidieuse des jeunes, oubli de la formation théorique, réduction de l'insertion à une simple adaptation aux règles du travail. Les structures qui paraissent le mieux en mesure d'éviter ces écueils sont celles qui dépassent la seule conjonction des deux marchés, public et privé, pour s'ouvrir à des synergies associatives, devenant par ce biais de véritables entreprises solidaires. Cela suppose que le caractère mobilisateur de leur projet permette la constitution d'un réseau composé de nouveaux acteurs associatifs sensibilisés au problème de l'insertion.

Ces nouveaux acteurs associatifs peuvent enrichir l'approche économique de relations de réciprocité et faire surgir des convergences auparavant ignorées. L'insertion par l'économique acquiert sens et efficacité parce qu'elle est imbriquée par un processus plus large de développement local. La mise en évidence de ces nouveaux acteurs associatifs peut contribuer à conforter une économie solidaire définie comme l'ensemble des activités de production et d'échange qui prennent en compte les réseaux de sociabilité; ces réseaux traduisent l'exigence des rapports sociaux et humains irréductibles aux formes de la production et de l'échange développées au sein des entreprises privées et du secteur public (Gaudin et Schiray, 1982).

L'horizon de l'insertion par l'économique est celui d'une économie *mixte,* à la fois marchande et non marchande, et *solidaire,* intégrant des échanges non monétaires relevant de la réciprocité et du don au sein des réseaux de sociabilité. Cette économie est par nature difficile à cerner puisqu'elle résulte du déplacement dans le temps des frontières entre économies informelle et formelle. Elle constitue un enjeu conflictuel entre forces du marché, État et acteurs de la société civile qui en délimitent les contours dans un mouvement de recomposition incessante, à la lisière des structures du quotidien ou de la vie matérielle, tout en s'inscrivant dans l'économie d'échange, pour reprendre les distinctions de Fernand Braudel.

La portée de ces entreprises dépend toutefois de leur capacité à susciter des changements dans leur environnement institutionnel. Si elles sont cantonnées dans la marginalité, le risque que les entreprises solidaires se voient spécialisées pour les populations les plus en difficultés, sans pouvoir intervenir sur les dysfonctionnements responsables de ces difficultés subsiste.

Bibliographie

AGENCE POUR LE DÉVELOPPEMENT DE L'ÉCONOMIE LOCALE (1989). *Actions d'insertion sociale et professionnelle menées en direction des femmes dans les quartiers en développement social,* Paris, bilan pour le secrétariat d'État aux droits des femmes.

AMADE, P. (1986). «Entreprises intermédiaires: le commencement de la fin?», *Devenirs* (Cahiers trimestriel de la Fondation Ailes), n° 3, novembre.

CENTRE INTERDISCIPLINAIRE MÉDITÉRRANÉEN D'ÉTUDES ET DE RECHERCHES EN SCIENCES SOCIALES (1986). *La fonction sociale des entreprises intermédiaires,* Aix-en-Provence.

EME, B. et J.-L. LAVILLE (1988). *Les petits boulots en question,* Paris, Syros.

GAUDIN, J. et M. SCHIRAY (1982). «Un travail sans emploi. La société duale en question», *Autogestions,* n°s 8-9.

MALGLAIVE, G. (1985). *Observation et évaluation du dispositif de formation des jeunes de seize à dix-huit ans,* 3 volumes, rapport national, Noisy-le-Grand, C2F-CNAM, ADEP.

THÉLOT, C. (1986). «Le sous-emploi a doublé tous les quatre ans», *Économie et statistique,* INSEE, novembre-décembre.

La participation du personnel: un enjeu?

Jacques FOURNIER
Agent d'information
CLSC Longueuil-Ouest

C'est avec beaucoup d'intérêt que j'ai lu le numéro de *Nouvelles pratiques sociales* intitulé «Quinze mois après le *Rapport Rochon*». J'ai beaucoup apprécié, entre autres, l'article d'Yves Vaillancourt qui analyse de façon pertinente plusieurs facettes de l'orientation gouvernementale en matière de santé et de services sociaux. Vers la fin de son texte, l'auteur souligne que cette orientation propose «d'évincer en douce» les représentants du personnel clinique et non clinique du conseil d'administration des établissements, ce qui lui apparaît «en dépit de la discrétion des réactions syndicales sur le sujet, représenter un recul par rapport à un moyen privilégié de briser l'emprise du modèle tayloriste dans l'organisation du travail» (1989: 34).

Même si la question de la participation des employés est quelque peu masquée par d'autres aspects traités dans le document d'*Orientations* présenté par la ministre Lavoie-Roux, il me semble qu'elle constitue un enjeu significatif dans la réforme proposée. En effet, la discussion a surtout porté sur la question des conseils d'administration unifiés qui géreraient les hôpitaux, les CLSC et les centres d'accueil d'un territoire donné. Plusieurs groupes ont rejeté cette proposition: la Fédération des CLSC, entre autres, craint que les CLSC ne perdent leur caractère propre dans une telle aventure. Par contre, l'idée d'augmenter le nombre de représentants du milieu siégeant aux différents conseils d'administration semble recevoir un accueil favorable.

Concernant la présence des représentants du personnel au conseil d'administration, on se rappelle que le *Rapport Rochon* recommandait non seulement son maintien, mais qu'en plus il proposait que dans chaque établissement soit constitué un comité consultatif associé possédant un pouvoir de recommandation sur tous les aspects du fonctionnement de l'établissement (1988: 529 et suivantes). Ce comité, formé de membres élus par les employés, devait agir à titre de porte-parole du personnel salarié auprès de la direction générale. «Cette dernière devra *justifier les décisions* qu'elle prend en regard des recommandations émises par les représentants des employés salariés» (1988: 569). Le *Rapport Rochon* accordait donc une importance accrue à la participation et au pouvoir du personnel.

Ces recommandations correspondent à une tendance observable dans d'autres établissements du secteur parapublic. Par exemple, la participation du personnel au conseil d'administration des CLSC fait maintenant partie de la culture de l'organisation et commence à donner des fruits. Par ailleurs, on constate que le personnel est représenté aux conseils d'administration des cégeps et de certaines universités. En outre, la participation du personnel est une idée dont s'inspirent les entreprises d'avant-garde. Lorsqu'il injecte du capital dans une entreprise, le Fonds de solidarité de la Fédération des travailleurs du Québec exige très souvent que les travailleurs aient droit d'envoyer un ou plusieurs représentants au conseil d'administration de l'entreprise subventionnée. Cette mesure assure la circulation de l'information sur la situation réelle de l'entreprise et constitue l'un des mécanismes favorisant l'intérêt des travailleurs dans leur milieu de travail.

Au dernier congrès de la Confédération des syndicats nationaux, un document produit par le Comité droit au travail du Conseil central de Montréal (D'Amours *et al.*, 1989) indique qu'un nombre croissant de syndiqués sont favorables à la participation. Cette constatation indique un revirement d'opinion: il y a une douzaine d'années, les syndicats de la Fédération des affaires sociales étaient davantage partagés au sujet des bénéfices de la participation. Bref, ces différents faits signifient que la question de la participation du personnel refait surface.

Le document d'*Orientations* de Mme Lavoie-Roux (1989) avalise bien quelques-unes des recommandations du *Rapport Rochon*, dont celle traitant du comité consultatif, mais sans donner de pouvoir réel aux employés. De plus, le texte gouvernemental ne se donne même pas la peine de justifier l'exclusion des employés du conseil d'administration. Cet «oubli» trahit une opinion bien ancrée chez les gestionnaires. Selon Luciano Bozzini (1989), professeur au Département d'administration de la santé à l'Université de Montréal, il existerait un consensus quasi général chez les gestionnaires qu'il a consultés pour éliminer les représentants du personnel du conseil d'administration. Semble-t-il que les employés occasionneraient des dysfonctions (lesquelles?), qu'ils seraient incapables de neutralité (que dire des autres membres du conseil d'administration?), et qu'ils constitueraient «un risque continu de conflit d'intérêts» (alors que le conseil d'administration est précisément le lieu où les différents intérêts doivent être représentés). À mon avis, ces gestionnaires ne démontrent guère d'imagination et de prospective concernant les nouveaux modes de relations de travail.

Toujours dans le même numéro de *Nouvelles pratiques sociales*, Jean-Pierre Bélanger, adjoint du directeur général de la Fédération des CLSC, parle d'une «portion éclairée» des entrepreneurs et des gestionnaires (1989: 178). Si elle existe, on aurait bien aimé que cette portion se prononce sur cette question et prenne fait et cause pour une approche dynamique de la participation du personnel. Pour l'instant, elle ne se manifeste guère et, par son silence, elle abandonne la place aux chantres des anciens modèles, partisans du taylorisme où les exécutants n'ont pas un mot à dire sur ce que les concepteurs édictent.

Pour conclure ce commentaire inspiré par la publication de ce numéro de *Nouvelles pratiques sociales*, je souligne tout le plaisir que j'ai eu à lire l'excellente entrevue accordée par Pauline Gingras. Voilà du matériel qui nourrit la réflexion des intervenants qui travaillent au ras du sol, dans les établissements du réseau. Bravo!

Bibliographie

BÉLANGER, J.-P. (1989). «Une lecture critique du premier numéro de NPS», *Nouvelles pratiques sociales,* vol. 2, n° 1, printemps, 177-184.

BOZZINI, L. (1989). «Les conseils d'administration selon l'avant-projet de loi Lavoie-Roux: prudence et volontarisme ou mur-à-mur imposé et improvisé?», *Artères,* vol. 7, n° 9, novembre.

D'AMOURS, M., CADORETTE, M., GAGNON, D., THÉORET, J.-L., CARBONNEAU, C. et Y. VAILLANCOURT (1989). *La participation des syndiqué-e-s aux conseils d'administration des établissements publics et parapublics,* Montréal, Conseil central de Montréal (CSN).

LAVOIE-ROUX, T. (1989). *Pour améliorer la santé et le bien-être au Québec. Orientations,* Québec, Gouvernement du Québec, ministère de la Santé et des Services sociaux.

ROCHON, J. (1988). *Rapport de la Commission d'enquête sur les services de santé et les services sociaux,* Québec, Les Publications du Québec.

VAILLANCOURT, Y. (1989). «De Rochon à Lavoie-Roux», *Nouvelles pratiques sociales,* vol. 2, n° 1, printemps, 23-36.

Parce que je crois aux enfants

Andrée RUFFO
Montréal, Les Éditions
de l'Homme, 1989.

AU-DELÀ DE L'IMPASSE, LA GÉNÉROSITÉ ET L'IMAGINATION

Le livre de Madame la juge Andrée Ruffo nous emporte avec facilité et confiance sur un terrain connu pour des intervenants sociaux expérimentés. Mais nous chutons: l'émotion nous saisit, nous sommes ébranlés... Mais peu à peu nous nous rassurons, car notre capacité d'être touchés est indemne et nous admirons avec quel talent et quelle force l'auteure nous parle de sa souffrance au contact de celle des enfants et de leurs parents.

Le style est alerte, le discours sobre mais quelle intensité! Madame Andrée Ruffo réussit magistralement à nous placer face à l'essentiel et malgré notre malaise, à nous y maintenir tout au long de son livre. Nous n'avons aucun échappatoire; c'est de l'enfant en tant que sujet dont il s'agit.

Il y a d'abord cette colère contagieuse devant la profonde injustice faite à cette enfance maltraitée, à ces enfants-objets qui n'ont pas la possibilité de se faire entendre, d'être écoutés par leurs proches, leurs parents, les adultes.

Devant leur mutisme ou leur méfiance, elle s'évertue avec une délicate attention et une ferme conviction à établir un lien, à renouer un dialogue, à comprendre, c'est-à-dire à tenter de redonner un sens à cette vie qui se nie ou qui s'autodétruit pour n'avoir pas été reçue dans le désir des autres.

Il y a ensuite cet élan de générosité sous-tendu par une puissante croyance en la vie, en la survie des jeunes qu'elle rencontre, en leur capacité à retrouver une place dans la communauté humaine.

Il y a enfin l'habileté et la compétence du juge d'enfants à réunir les éléments d'une situation difficile, voire tragique, et à trouver avec mesure et humanité une issue à cette dernière. Certes, toutes les décisions ne sont pas des solutions définitives, mais elles tendent à remettre en mouvement ce qui était bloqué, fermé, hostile, agressif. Elle permet une nouvelle mise en situation authentique, salvatrice bien que fragile: le jeune sait qu'il n'est pas «jugé». Il a déjà dû, avant son entrée au tribunal, entendre à satiété que «ça dépendait de lui de pouvoir s'en sortir», peut-être a-t-il enfin l'occasion de le vivre.

La *Loi de la protection de la jeunesse* et la Chambre de la jeunesse de la cour du Québec nous montrent à l'évidence leur utilité et leur fonction sociale: personne d'autre que Madame Andrée Ruffo peut nous en faire une démonstration aussi convaincante.

Sauf le respect que nous devons à l'auteure, imaginons un instant que le décor soit celui d'un bureau de Centre de services sociaux: quel livre merveilleux aurait été écrit là par un travailleur social ou une travailleuse sociale! Car il aurait pu en être ainsi, tant la teneur de ce document est pétrie d'observations, de considérations, de principes d'action et d'écoute personnelle qui sont l'apanage des intervenants sociaux.

Dans le livre de Madame Ruffo, le travailleur social apparaît à deux reprises comme sortant de l'ombre, furtif. Son image est double, contradictoire: c'est à la fois l'intervenant efficace, aux prises avec les contraintes de pénurie de ressources, qui souffre d'avoir à faire des recommandations adaptées aux besoins de ses clients sans avoir les moyens de les actualiser.

Il est aussi cet intervenant débordé, pas toujours capable d'appréhender une situation dans son ensemble et qui peut passer à côté de l'essentiel. De plus, il peut recevoir les remises en question, les remontrances virulentes du juge qui sont adressées en fait à son Centre de services sociaux.

Un livre écrit par un travailleur social nous apprendrait par contre qu'il n'y a pas de répit dans le quotidien de cet intervenant en Protection de la jeunesse, que l'anxiété lancinante l'accompagne dans les situations où il est contraint d'avoir à prendre des décisions lourdes de conséquences, dans l'inconfort des informations incomplètes, des délais prescrits et souvent dans la solitude de son travail.

Tout en s'adressant à quiconque, l'intervenant social actuel ou futur reconnaîtra dans le livre de Madame Andrée Ruffo les enseignements intangibles qui président à nos interventions et qui doivent faire corps avec le moindre de nos gestes professionnels. Bien sûr, nous les retrouvons dans des manuels de relation d'aide, mais ils n'ont pas l'accent d'authenticité de ce témoignage. La pratique exige en effet que nous nous posions régulièrement la question fondamentale plus proche d'un acte de foi que d'un axiome scientifique: «Ai-je confiance en la capacité d'évolution de telle personne?».

Pratiquer l'écoute, rechercher et respecter les besoins du jeune et des parents, nouer un lien, respecter les liens déjà établis entre les membres d'une famille ou avec une personne significative, faire appel aux suggestions du jeune et les considérer... autant de principes qui doivent susciter constamment notre réflexion pour établir notre conviction, notre échelle de référence professionnelle.

Ajoutons à cela le développement de notre compétence, de notre capacité à analyser une situation, de porter un jugement professionnel, à planifier... L'université est là mais la formation ne doit pas cesser de se poursuivre.

Ce livre interpelle les Centres de services sociaux et les responsables de l'organisation des services et de l'encadrement des praticiens. Il nous incite à une réflexion et à un retour sur le fonctionnement de ces services qui doit être une préoccupation permanente. Pour d'autres programmes comme la «Santé mentale», les Conseils régionaux de services sociaux et de santé et le ministère de la Santé et des Services sociaux procèdent à des évaluations régulières de l'implantation du fonctionnement des services et de leur qualité en regard des besoins exprimés et du cheminement de la prise en charge. Nous devons rester vigilants en ce qui a trait aux conditions organisationnelles pour que s'exerce la compétence du praticien; si le service social considère la personne-client en tant qu'entité autonome, l'infrastructure administrative doit être au service du professionnel autonome de première ligne. Ce dernier sait ce dont il a besoin pour exercer son travail. Comme la juge Andrée Ruffo, il est profondément convaincu de cette observation, qu'«à force de les écouter, j'ai découvert que généralement les parents et les enfants en crise sont capables de comprendre leur situation et de trouver des solutions à leurs problèmes. Ils attendent anxieusement qu'on leur redonne le sentiment de *leur pouvoir* et de *leur compétence*».

Jean Ramon, psychologue
Chef de bureau à Maniwaki
Centre des services sociaux de l'Outaouais

Mouvement populaire et intervention communautaire de 1960 à nos jours: continuités et ruptures

Louis FAVREAU
*Montréal, Le Centre de formation
populaire et les éditions du Fleuve,
1989, 307 p.*

À vrai dire, j'avais le goût de faire cette recension. Connaissant bien l'auteur et éprouvant un petit penchant pour le sujet, je me suis dit: «pourquoi pas?» Par contre, j'étais bien conscient des risques: un «chum», un sujet large et délicat, le contexte montréalais et ses particularités et surtout les préjugés de l'écologie sociale libertaire. Peut-être eût-il mieux valu m'abstenir? J'ai fini par succomber, sachant bien que d'autres artilleurs plus futés en «populaire et communautaire» se paieraient un «petit quart d'heure» à même l'œuvre de celui qu'on a un jour appelé «le grand timonier» et qu'en fin de compte le jugement des pairs serait là.

Qu'est-ce qui peut bien amener Favreau, ce chevalier des écritures, sur la place publique encore une fois? Bien simple, je crois. Après avoir passé sa verte jeunesse professionnelle dans les antres de la pratique sociale populaire et communautaire des conseils d'œuvres, CLSC et au Centre de formation populaire et accumulé un trésor d'informations et d'expériences, il s'est inscrit, au mi-temps et grisonnant, à la banque du département de sociologie et là, avec ses conseillers, il a fait le décompte de son avoir, rangé les actifs et passifs et aujourd'hui il nous ouvre son carnet.

Son million, c'était de prouver que les devises populaires et communautaires ne sont pas dévaluées, encore moins moribondes, mais bien plutôt qu'elles ont changé de cours; elles sont en mutation, nous dira-t-il tout au long de l'ouvrage. Les groupes populaires et communautaires ne se limitent plus aux protestations, aux services et à l'entraide du social traditionnel. Non, ils ont investi le champ de l'économie et sont devenus des entrepreneurs et des producteurs d'emplois à côté de l'État et de l'entreprise privée classique.

Mais comment s'y prend-il pour démontrer cette «ambitieuse hypothèse»? C'est ce que nous verrons en survolant très rapidement les 360 pages de cette étude.

L'auteur choisit d'abord (chapitre 2) de refaire l'itinéraire du mouvement populaire et communautaire de 1960 à 1988. Bonne idée, direz-vous, de voir défiler les atomes et les fragments de la petite histoire sur l'arrière-plan de la conjoncture socio-économique nationale et internationale. J'en conviens. Mais attention, la parade commence avec le *big band* des comités de citoyens vers 1960. Le deuxième char, c'est le Front d'action populaire (FRAP) aux couleurs de la protestation populaire, des conditions de vie de quartier, des syndicats, de la question nationale et de la crise d'octobre. Suivent de près les CLSC, en 1972, comme prolongement d'initiatives de quartier et plus tard comme ingrédient d'un grand plan collectif. Le défilé continue avec les garderies, les maisons de quartier, les organismes volontaires d'éducation populaire (OVEP) sans oublier, au char suivant, les coopératives d'habitation, les groupes de recherche technique (GRT) et les fameux «Sommets populaires» de 1980 et 1982 avec plus de 160 groupes qui parlent de santé, d'éducation, de loisir, de consommation, de répression, de discrimination, d'information, de culture, d'environnement, de pollution, de logements, etc.

Au dernier rang, témoin des années difficiles de l'échec référendaire et de la crise économique, le dernier char exhibe les figures émaciés des «M-L» et des nombreux militants des années 70 en *burnout*. Mais, signe des temps et manifestation incontestable de l'instinct d'émergence propre à toute forme de vie, voici apparaître de nouveaux filons qui ont pour nom: les jeunes, leur regroupement et leurs maisons; les femmes et leurs maisons, bastion contre la violence; les personnes âgées proclamant leurs droits en association; et, de façon de plus en plus visible, des groupes portant à bout de bras leur utopie, soit les corporations de développement économique

(CDEC). S'il y a véritablement mutation, c'est sûrement ici que se trouve le point de passage entre ces deux espèces différentes du caractère social. Sur ce, le défilé prend fin pour céder la place à un chapitre d'une grande densité et d'une importance capitale.

Dire que le chapitre 3 examine à la loupe les organismes populaires et communautaires des quartiers Hochelaga-Maisonneuve, Centre-Sud et la Petite-Patrie serait un abus de langage; on ne peut ramener le Pavillon d'éducation communautaire à quatre paragraphes sans l'atrophier. Il eut fallu une monographie complète, ce qui n'était pas l'objectif de la présente. Je crois cependant que Favreau s'est servi du peigne fin des 60 informateurs clés pour ratisser les fragments populaires et communautaires significatifs, comme c'est le cas de la Puce communautaire d'Hochelaga-Maisonneuve, et ainsi réunir l'information suffisante.

Recenser l'information est une chose; l'assembler pour fin d'interprétation en est une autre. Pour chaque quartier, la composition du tableau d'ensemble provient de la lecture de deux rubriques: d'un côté le portrait et les pôles d'attraction des groupes, de l'autre leur état de santé et les perspectives. Avec un peu d'imagination, on voit l'auteur disposer ces constituants à la manière des systèmes ouverts en vue de produire l'image d'un tout intégré.

Le quatrième chapitre sur l'économie communautaire veut nous montrer que la mouvance populaire et communautaire est passée du social de la revendication et de la protestation à l'économique de la production d'emplois et de services et que s'il y a économie communautaire c'est parce qu'il y avait au préalable une force populaire. Après tout le questionnement sur la nature, les limites et les possibles de cette stratégie et de son incarnation principale, soit les CDEC, on part en opération. Au loin, le capitaine montre le contour des expériences de Saint-Hyacinthe, Victoriaville et, comme il est de mise, tire sa révérence aux Américains. Ils y avaient pensé depuis 20 ans, eux.

Si ce chapitre nous fait voir le social en direction de l'économique, le chapitre 5 a comme prétention de montrer le rôle du social et son influene sur la politique. Dans la vitrine, côte à côte, trois produits: l'expérience de FRAP, celle du marxisme-léninisme et celle du Regroupement des citoyens de Montréal (RCM).

Histoire courte, mais combien intense que celle du FRAP de 1968 à 1973, qui a émergé d'un bouillon de culture où l'un des ingrédients majeurs était sans conteste le mouvement populaire et communautaire. Pour Favreau, le FRAP «aura néanmoins laissé entrevoir la possibilité d'un véritable parti populaire» (p. 167).

La peinture du courant «M-L» est très réussie. Pas de doute que pendant ses années au Centre de formation populaire, l'auteur s'est retrouvé au milieu d'un chassé-croisé d'une grande fébrilité entre partisans de factions opposées. Il décrit bien les conséquences quand il cite un témoin rappelant comment cette pratique du socialisme, tout en éclairant les consciences populaires, n'en a pas moins sorti les militants des quartiers en les branchant sur des questions plus larges (p. 174).

Quant au RCM où se retrouvent quelques militants de la première heure du FRAP, son jugement est catégorique: «[...] un parti faible avec une administration forte» (p. 182).

Le chapitre s'éteint avec des considérations sur la gauche où l'on sent que le feu des grands idéaux préparant la venue du grand soir s'est amorti pour faire place à l'expérimentation sociale à petite échelle (p. 185).

Les rapports avec l'État, au chapitre 6, sont étudiés sous l'angle du financement. Après avoir fait un bref exposé sur les sources publiques et privées de financement, l'auteur aborde la question des dimensions politiques du financement. Est-ce un devoir de l'État de financer les organismes? Y a-t-il risque de perdre son autonomie et de devoir verser dans la sous-traitance pour éviter l'asphyxie? Peut-on envisager des marges d'autonomie cohabitant avec des mandats de l'État? Est-il tout simplement préférable de prévoir des stratégies financières visant la diversification des sources de revenus incluant même la production de biens et services?

Le volet sur les rapports avec les CLSC nous rappelle la genèse des CLSC, le produit fini d'une revendication originant des quartiers populaires. Mais aussitôt se pose la question du travail social dans les CLSC: l'intervention individuelle vue comme la béquille d'une société produisant des inégalités face à l'intervention communautaire en rébellion et travaillant sur les conditions de vie et la réforme.

Alors qu'ils étaient vus comme un maillon indispensable dans la chaîne des services de bien-être, les CLSC des années 80 sont remis en question comme un bien luxueux dans une société néo-libérale. Et plus d'un voient les organismes communautaires comme la solution bon marché pour se substituer au désengagement de l'État. Cette nouvelle stratégie se répercute directement sur les services d'action communautaire des CLSC, qui sont mis sur la défensive, gelés dans leurs effectifs ou tout simplement abolis.

Qu'adviendra-t-il de l'intervention communautaire, elle qui se trouve déchirée entre, d'une part, les revendications de l'action sociale sur les conditions de vie et, d'autre part, l'approche de planning social du type service à des populations cibles?

L'étude proprement dite se termine au chapitre 6, mais l'auteur choisit de faire un petit exercice de prospective pour les années 90 et ouvre un septième chapitre à cet effet. Il rappelle que «le mouvement prend un tournant significatif» sur les questions de l'économie communautaire, de l'aménagement du territoire, du désarmement et de la paix et du regroupement des femmes ou des jeunes. Il n'est pas question de voir un déclin du mouvement mais bien plutôt une transformation sociale et culturelle.

Au chapitre 8 traitant des pistes et perspectives, rien de tellement nouveau, sauf, et nous en reparlerons, qu'une définition du mouvement populaire et communautaire est énoncée.

QUELQUES NOTES D'ÉVALUATION

Au-delà des critiques que cette recherche ne manquera pas de soulever, son grand mérite aura été de faire l'histoire du mouvement populaire et communautaire sur une séquence de trente années. On ne pourra contourner cette référence.

À mon avis, un point fort de l'étude n'est pas tant d'avoir montré qu'il y a mutation sociale et culturelle du front volontaire, mais bien d'avoir démontré comment le populaire et le communautaire lui a été associé. C'est en analysant minutieusement les atomes de cette action et en les resituant sur la trame de la grande histoire que l'auteur y parvient.

Une mouche m'a cependant agacé tout au long du parcours, au point même de m'impatienter. Son nom: *æquivocus conceptualis*. Son aire de reproduction: la notion de groupe populaire et la notion de groupe communautaire. Ne vous scandalisez pas, cher collègue, vous en avez parlé souvent, mais jamais d'une façon nette et précise et à l'endroit où il eut fallu le faire, soit au tout début de l'étude.

Vous nous avez donné à penser tout au long que le populaire était le reflet du quartier populaire, c'est-à-dire le milieu des gens pauvres, des petits salariés, sur l'assistance sociale ou le chômage, là où fleurit la culture traditionnelle par opposition à la culture contemporaine (p. 53). Le communautaire, dites-vous, ce sont les services, l'entraide (p. 85). Mais dans les faits, vous ne les distinguez pas; à preuve, vous parlez du secteur communautaire et vous y incluez les organisations populaires, les coopératives d'habitation, les groupes d'entraide, les radios et les journaux communautaires (p. 108). Un tel laxisme ouvre la porte au mouvement national avec ses cadres et ses ministres, au mouvement féministe incluant ses protagonistes enseignantes à l'université, au mouvement pour la paix et le désarmement et, finalement, aux défenseurs de l'environnement. J'y perds mon latin. Il y a trop de monde dans cette parade.

À mon avis, vous avez traité du secteur volontaire de l'action sociale. C'est intéressant mais l'inconvénient est qu'on y retrouve, dans cet amalgame des bourgeois, des pauvres, des analphabètes, des gens cultivés, des philantropes et des dépendants.

Enfin, ce qui me restera quand j'aurai tout oublié, c'est que la force populaire et communautaire a prouvé que le développement économique par les gens du social est non seulement plausible mais qu'il se déroule bel et bien sous nos yeux au Québec. S'il lui fallait une accréditation par une plume prestigieuse, c'est maintenant chose faite.

Laval Doucet
École de service social
Université Laval

Deux Québec dans un: Rapport sur le développement social et démographique

CONSEIL DES AFFAIRES SOCIALES,
Boucherville, Gaëtan Morin Éditeur,
1989, 124 p.

Préoccupé par la situation démographique et ses incidences sur le développement social, le Conseil des affaires sociales publiait, en janvier 1989, un rapport élaboré par son Comité sur le développement. Une analyse plus strictement économique viendra éventuellement s'y ajouter dans un second rapport. L'initiative du Conseil apparaît très à propos, alors que le Québec s'inquiète du vieillissement de sa population et du déclin relatif de son poids démographique au sein de la fédération canadienne.

La première des trois parties du *Rapport* («La population québécoise à un carrefour») brosse un tableau concis de la situation démographique générale au Québec. Le premier chapitre aborde cette question dans une perspective canadienne. On y apprend que la croissance de la population du Québec est en sérieuse perte de vitesse par rapport à celle de l'Ontario. «La population que l'Ontario gagne en un an, le Québec met cinq ans pour y arriver» (p. 3). En ce qui a trait aux naissances, le Québec connaît en 1987 le taux de fécondité le plus faible de son histoire, taux qui ne semble pas montrer de signe de stabilisation. Du côté des migrations, le Québec enregistre un solde migratoire positif depuis 1985. C'est l'Ontario cependant qui fait figure de terre d'accueil par excellence en recevant toujours environ 50 % des immigrants du Canada. Le chapitre se termine sur une note encourageante concernant le vieillissement. En effet, le Québec possède encore aujourd'hui l'une des plus jeunes populations de l'Occident. Pour l'ensemble de la province, ce n'est qu'autour des années 2010 et 2020 que les effets du vieillissement se feront sentir avec acuité.

L'évolution globale de la population du Québec cache cependant des écarts considérables entre les communautés. C'est à cette plus petite échelle, au plan des municipalités rurales et des paroisses urbaines, que le Conseil poursuit son analyse au chapitre 2. Une diminution de population à été observée dans une majorité des municipalités rurales ainsi que dans plusieurs quartiers urbains du Québec, entre 1971 et 1981. Ces communautés en déclin démographique regroupaient, en 1981, 56 % des personnes âgées de 65 ans et plus. Ceci s'explique en partie par le fait que ce sont surtout les personnes les plus jeunes et les plus mobiles qui émigrent hors des communautés en déclin. À l'opposé de ces communautés, on trouve des territoires en croissance démographique. Ce sont surtout les banlieues. Il y a donc, comme le fait remarquer le Conseil, une tendance à la spécialisation du territoire habité. Les banlieues profitant des pertes de population des milieux ruraux et des centres-villes, on observe une forme d'aménagement dite «en troue de beigne». Le centre-ville en diminution démographique est entouré de banlieues en augmentation, au-delà desquelles on trouve des municipalités rurales en diminution.

La deuxième partie du *Rapport* («Un territoire et une population menacés») s'ouvre sur un chapitre portant sur certaines causes des mouvements migratoires à l'intérieur du Québec. Le modèle explicatif proposé comprend des facteurs de «répulsion» qui poussent les individus à quitter un endroit et des facteurs «d'attraction» qui les poussent à s'établir à un autre endroit. Le taux d'inoccupation (une mesure du niveau de «non-emploi») est un indicateur qui permet de mieux saisir les phénomènes migratoires. On établit une relation étroite entre taux d'inoccupation et déclin démographique: les communautés aux taux d'inoccupation élevés connaissent un déclin démographique élevé; celles aux taux d'inoccupation faibles montrent une croissance démographique importante. Lorsque le taux d'inoccupation d'une communauté est élevé, une sous-culture de pauvreté et des habitudes de vie à haut risque s'y observent fréquemment. Ces facteurs de répulsion contribuent au choix de nombreux jeunes adultes de quitter la communauté. La disponibilité de l'emploi constitue évidemment un important facteur d'attraction, mais cela est surtout vrai en milieu rural. Le milieu urbain présente une situation particulière. Les centres-villes montrent un taux d'inoccupation élevé même si on y trouve une forte concentration d'emplois disponibles. Ce paradoxe s'explique par le scénario suivant: Un centre-ville comme celui de Montréal attire des chômeurs de l'ensemble du Québec, mais ceux qui y trouvent un emploi s'empressent de le quitter pour aller habiter la banlieue ou les quartiers résidentiels. Ceux qui sont moins chanceux, moins bien formés, restent au centre-ville. Sans revenus, ou presque, ils viennent y grossir le nombre des individus qui dépendent d'un tiers ou de l'État pour leur subsistance.

L'état de développement social d'une communauté réfère à un ensemble constitué de plusieurs indicateurs qui réagissent dans le même sens que le taux d'inoccupation. Au chapitre 4, le Conseil applique une série d'indicateurs concernant les revenus, la scolarisation, le logement et la santé à un milieu rural type (la MRC La Mitis) et à la région de Montréal pour vérifier le lien entre les variations démographiques et le niveau de développement social. Pour le milieu rural, le Conseil conclut que: «[...] plus le sous-développement social est important, dans une communauté donnée, plus la population diminue» (p. 67). Pour le milieu urbain, le Conseil souligne, à l'instar de Micheline Mayer-Renaud (1986)[1], qu'entre 1971 et 1981 «[...] la répartition géographique du sous-développement social dans la région du Montréal métropolitain est demeurée à peu près statique à quelques exceptions près» (p. 69). Plusieurs cartes sont présentées pour illustrer cette conclusion. Le chapitre se termine sur une des réflexions les plus intéressantes du *Rapport*. Les recherches ayant montré que le sous-développement social est un problème de communauté, non simplement un phénomène affectant des personnes prises individuellement, le Conseil se demande si les stratégies d'intervention des pouvoirs publics ne devraient pas cesser de viser uniquement des individus pour s'adresser aussi à des communautés.

Au chapitre 5, le Conseil examine l'évolution des inégalités sociales au Québec en utilisant quatre travaux de recherche réalisés par différents auteurs au cours des années 80. Ces études laissent voir un accroissement des inégalités sociales et des disparités locales au Québec, malgré les efforts issus de la Révolution tranquille en matière de programmes sociaux. Cette augmentation des écarts entre les niveaux de développement social des communautés nous donne deux Québec dans un.

Dans la troisième partie du *Rapport* («Les deux pays»), le Conseil déplore la quasi-inexistence d'une politique de population au Québec et souligne le nombre important de problèmes sociaux rencontrés dans les communautés en déclin démographique où de nouveaux visages de la pauvreté sont apparus. S'ils empêchent les communautés en déclin de se

---

1. MAYER-RENAUD, M. (1986). *La distribution de la pauvreté et de la richesse dans les régions urbaines du Québec. Portrait de la région de Montréal*, Montréal, CSSMM.

dépeupler encore plus rapidement, les programmes actuels d'assistance aux individus ne constituent pas une véritable politique de développement social. De plus, le Conseil remarque que les points de services gouvernementaux, qui représentent des investissements potentiels dans le développement d'une localité, sont souvent concentrés là où les besoins sont moindres. Les contribuables des localités privées d'investissements publics se trouvent ainsi à financer leur propre sous-développement socio-économique par le biais de leurs taxes et de leurs impôts.

Étant donnée la relation observée entre les différents ordres de problèmes vécus dans les localités du Québec, le Conseil conclut que «[...] les solutions doivent emprunter les voies du développement démographique, du développement social et du développement économique» (p. 116). Au plan démographique, il ne suffit pas d'accroître la population, il faut aussi se préoccuper de sa distribution géographique sur le territoire. Il ne suffit pas d'accueillir des immigrants, il faut aussi les retenir au Québec par des mécanismes d'intégration sociale et économique efficaces. Socialement, «[...] on ne peut accepter que la croissance économique ne profite qu'aux déjà bien nantis» (p. 118). Enfin, une politique de développement économique exige que les dépenses sociales de l'État soient considérées non plus comme un mal nécessaire, mais comme des investissements. Tels sont les choix qui apparaissent primordiaux au Conseil, pour que tous et toutes participent à la création de la richesse dans la société québécoise.

Le *Rapport* du Conseil des affaires sociales doit être d'abord considéré comme un ouvrage de référence établissant une «cartographie» de l'état du développement social et démographique au Québec. Le *Rapport* s'attarde plus à observer l'existence de liens étroits entre les divers indicateurs du sous-développement social qu'à expliquer la dynamique régissant les relations entre ces indicateurs. Pourquoi la presque totalité des interventions des travailleurs sociaux et du ministère de la Justice dans le domaine de l'inadaptation et de la délinquance juvénile sont-elles concentrées dans quelques quartiers de Montréal? Pourquoi la distribution géographique des enfants présentant des handicaps sociopédagogiques montre-t-elle des caractéristiques similaires à celle des délinquants juvéniles? Après avoir soulevé ces questions, le Conseil ne semble pas pouvoir (ou vouloir?) aller au-delà de quelques allusions très générales en ce qui a trait aux causes et aux solutions possibles de ces problèmes sociaux.

De la même façon, le Conseil souligne l'urgence de repenser le développement des centres et des régions en cessant de dissocier l'économique du social. Cependant, il est incapable d'aller plus loin en proposant, par exemple, une planification décentralisée du développement laissant plus d'autonomie aux instances locales dans la gestion de l'enveloppe budgétaire des services publics.

Il est en somme regrettable que le Conseil ne fasse qu'une place modeste à l'analyse dans une publication sur un sujet aussi important. Cela est d'autant plus navrant que cet organisme gouvernemental semble disposer d'un matériel très riche qui aurait pu être mieux exploité. Le *Rapport* constitue un travail nécessaire, mais non suffisant, pour comprendre les facteurs qui ont un effet déterminant sur le développement social et démographique au Québec. La problématique présentée par le Conseil souffre donc, à l'instar des communautés en déclin dont il est question dans le *Rapport*, de sous-développement.

Luc Thériault
étudiant au doctorat
Département de sociologie
Université de Toronto

Le défi de l'immigration

Jean-Pierre ROGEL
Montréal, Institut québécois
de recherche sur la culture,
1989, 122 p.

L'immigration, le racisme, les relations interethniques, l'accueil des réfugiés, l'adaptation des jeunes de diverses origines dans le système scolaire, l'apprentissage du français, voilà autant d'enjeux chauds dans le Québec contemporain comme dans tous les pays capitalistes occidentaux. Face à tout cela, l'ouvrage de Rogel arrive à point nommé. Il s'agit d'une introduction générale intéressante, présentée dans un style journalistique simple, accessible au grand public.

Touchant à peu près à toutes les questions d'actualité relatives à l'immigration, l'ouvrage devrait recevoir un accueil intéressant parce que personne n'avait réalisé une telle synthèse vulgarisée. La dernière décennie a produit une quantité importante d'études universitaires sur diverses questions relatives à l'immigration mais, à ma connaissance, personne n'avait risqué un dossier «touche-à-tout». En fait, Rogel utilise surtout un certain nombre de dossiers officiels produits par le gouvernement fédéral et le gouvernement du Québec et les synthétise en dégageant quelques conclusions. On peut quand même souligner qu'il a très peu utilisé les recherches produites au cours des dernières années dans divers domaines.

L'ouvrage réussit donc à toucher un peu à tout. À vrai dire, c'est un vrai tour de force étant donné l'ampleur du sujet, soit partir des causes de l'immigration pour jeter un regard furtif sur presque tous les aspects de l'impact de l'arrivée de gens de diverses origines. Le risque, et Rogel n'y échappe pas, est de trop embrasser et de larguer trop de généralités en utilisant abondamment de multiples statistiques sans que les sources soient vraiment vérifiables. Quand un livre contient beaucoup de chiffres, ça fait sérieux!

Malgré de nombreux lieux communs, je dois reconnaître qu'il présente une revue historique des dimensions politiques, législatives et sociales de l'immigration qui peut servir de déclencheur à une personne voulant s'initier à la question. En somme, le lecteur y trouvera une initiation honnête, sans plus. Si on cherche une analyse profonde et un tout petit peu critique, on risque de rester sur son appétit. Par exemple, l'auteur effleure tellement rapidement l'évolution des politiques canadiennes sur l'immigration qu'il commet des omissions importantes; ainsi, il souligne que le Canada et le Québec cherchent à attirer des immigrants investisseurs et il fournit des chiffres qu'il veut sans doute éloquents sur l'état de la situation. Toutefois, dans les faits, il ne situe jamais ces perspectives en fonction des enjeux économiques réels dans le cadre de politiques néo-conservatrices. Au plan économique, Rogel conclut:

> Les impacts de l'immigration sont réels, ils sont difficiles à mesurer et dépendent beaucoup du dynamisme de la société d'accueil [...]. La seconde conclusion est sans doute qu'on ne peut fonder une politique d'immigration sur des considérations économiques à court terme. La planification de l'immigration et, en particulier, la fixation de niveaux annuels d'immigration, doit se faire en tenant compte d'un horizon économique de 25 à 50 ans, et non seulement de la conjoncture immédiate (p. 77).

De telles considérations permettent au lecteur de voir l'ampleur du phénomène et des difficultés. C'est déjà un objectif louable à atteindre dans ce type d'ouvrage; mais, ça ne va pas plus loin.

Dans l'ensemble, les dossiers sont appuyés sur des données pertinentes qui situent bien l'ampleur des phénomènes. Que ce soit par rapport à l'évolution de la situation démographique, linguistique ou sociale, toutes les données sont précieuses pour donner l'heure juste sur les divers aspects. Par contre, encore une fois, il reste assez difficile d'en vérifier la fiabilité.

Tenant compte des objectifs poursuivis par un tel ouvrage et de ses limites, je le recommande à tout lecteur désireux de s'initier au phénomène «immigration».

André JACOB, professeur
Département de travail social
Université du Québec à Montréal

Michel Foucault

Didier ERIBON
Paris, Flammarion,
1989, 402 p.

Vu de loin, Michel Foucault semblait nourrir les paradoxes. Dans son travail aussi bien que dans ses actions, il passait aisément des sophistications de la philosophie classique aux engagements politiques pour la défense des exclus et des exploités. Par ses travaux, il fut celui qui guida nombre de chercheurs vers des avenues historiques nouvelles, tout en étant celui qui, par ses actions engagées dans plusieurs causes sociales, montra le rôle et l'utilité des intellectuels dans la vie quotidienne. Ainsi il tissa, beaucoup mieux que plusieurs philosophes de sa génération, le lien étroit entre théorie et pratique, entre savoir et pouvoir.

La publication aujourd'hui d'une biographie sur Foucault peut sembler également paradoxale. En effet, Foucault a plus d'une fois souligné la nécessité d'effacer l'auteur de son œuvre, accordant toute l'attention au travail, aux découvertes et aux écrits. Le sujet semblait ainsi perdre toute résonnance au profit de l'objet. En ce qui le concernait, Foucault précisait ceci:

> Plus d'un, comme moi sans doute, écrivent pour n'avoir plus de visage. Ne me demandez pas qui je suis et ne me dites pas de rester le même: c'est une morale d'état-civil; elle régit nos papiers. Qu'elle nous laisse libres quand il s'agit d'écrire (1969: 28).

Ou encore:

> Si quelqu'un pense que mon travail ne peut être compris sans référence à quelque aspect de ma vie, j'accepte de considérer la question. Je serais même prêt à répondre si je l'estimais justifié. Ma vie personnelle ne présentant rien qui puisse intéresser, elle ne mérite point que j'en fasse un secret. Ni par conséquent que je la rende publique (CFDT, 1985: 123).

Didier Eribon, le biographe de Michel Foucault, comprend fort bien ce paradoxe. Il ouvre son livre en le soulignant. Et il reprend, pour la clarifier, la notion d'auteur chez Foucault. Eribon justifie son choix en remettant en place les éléments d'une association entre auteur, œuvre et commentaire, dans une société où le travail intellectuel suscite et nourrit des débats et des critiques. L'auteur, soutient-il, ne peut disparaître en abandonnant ses lecteurs. De plus, Eribon ne trahit pas de secret puisque, comme il le précise, la base de ses informations provient de textes déjà publiés, souvent sous la forme d'interviews. Il faut, à ce titre, souligner l'honnêteté et la minutie qu'il montre dans la vérification des faits évoqués. Eribon réussit, de plus, une intelligente intégration des éléments biographiques à l'œuvre de Michel Foucault. C'est là certes un travail difficile et une démarche peu souvent réussie dans les ouvrages de ce genre.

En suivant l'itinéraire de Michel Foucault, c'est tout un pan de la vie intellectuelle française des 40 dernières années que Didier Eribon nous livre. Les grande institutions d'enseignement et les professeurs célèbres qui y ont œuvré sont intégrés au travail du biographe, transformant ainsi ce livre sur Foucault en une véritable recherche sociologique sur la pensée française de la seconde moitié du xxe siècle.

À travers le circuit qui mène de Normale supérieure au Collège de France, Foucault apparaît avec ses forces, ses faiblesses, ses convictions et ses erreurs. Alors qu'il poursuit ses études supérieures, rares sont ceux qui peuvent prévoir l'influence qu'il exercera sur la pensée moderne. Foucault est un étudiant reclus, travailleur, au tempérament suicidaire. Il ne réussit pas ses examens d'admission ou le concours d'agrégation avec la plus grande facilité. Toutefois l'originalité, la persévérance et le travail acharné le conduisent à l'obtention des titres universitaires les plus élevés.

Ses premières fonctions professionnelles s'inscrivent d'abord dans le domaine de la psychologie clinique. Puis, comme lecteur d'ouvrage français, il entreprend une série de séjours à l'étranger qui le mènent en Suède, en Pologne, en Allemagne, en Tunisie. C'est un peu par accident qu'il revient en France sans réellement savoir qu'il s'y installe à demeure. Foucault entreprend alors une carrière universitaire qui le conduit, à 43 ans, au prestigieux Collège de France.

Comme penseur des systèmes, Foucault a produit une œuvre gigantesque dont on ne parvient pas encore aujourd'hui à en saisir parfaitement la complexité. Ses écrits portent sur la littérature, la psychologie, la prison, le savoir, la sexualité, etc. avec un souci constant de vérité et une volonté infatigable de comprendre.

Foucault fut aussi l'homme des grandes amitiés et des grandes ruptures. Les amis se transforment parfois en de véritables protecteurs qui lui ouvrent les portes de la notoriété et de la reconnaissance en France et à l'étranger.

Enfin, la vie de Foucault paraît clairement partagée en deux moments distincts: d'abord le dur travail d'apprentissage du métier de philosophe puis, après 1968, la transformation du professeur déjà occupé par une prestigieuse carrière, en un activiste prêt à mener des combats pour la dignité humaine aux quatre coins du monde. Mais à tous les plans, dans son travail intellectuel tout autant que dans ses actions, c'est une profonde critique de nos systèmes de pensée qu'exprime Foucault.

Cinq ans après sa mort, Foucault exerce toujours la même fascination et nul ne peut douter que son nom figurera sur la courte liste des grands philosophes français du XXe siècle. Didier Eribon sera celui qui aura contribué à lever le voile sur les grandes périodes de sa vie et à construire les liens entre le quotidien et l'œuvre d'un auteur important.

Pierre DELORME
Département des sciences administratives
Université du Québec à Hull

Bibliographie

FOUCAULT, M. (1969). *L'archéologie du savoir*, Paris, Gallimard.

CFDT (1985). *Michel Foucault, une histoire de la vérité*, Paris, Syros.

❖   Guide pour la présentation des articles

Les personnes qui acheminent des textes à la revue sont invitées à respecter
le protocole suivant:

- Inscrire sur la première page, en haut, à gauche et en lettres
  majuscules, le titre de l'article. Inscrire, deux interlignes plus bas,
  toujours à gauche, le nom de l'auteure ou de l'auteur en écrivant
  le nom de famille avec des lettres majuscules. Inscrire, un interligne
  plus bas, le nom de l'organisme auquel la personne qui signe l'article
  est associée.

- Présenter le manuscrit (en deux exemplaires) dactylographié à
  double interligne (26 lignes par page) avec marges d'un pouce. La
  longueur est de 12 à 15 pages maximum. (Dans certains cas particuliers, le comité de rédaction se réserve le droit de commander
  des articles plus importants.) Les tableaux et graphiques doivent être
  présentés sur des pages séparées avec indication du lieu d'insertion
  dans le corps du texte.

- Dactylographier les notes à double interligne et les numéroter con-
  sécutivement à la fin de l'article sur une page à part.

- Placer les références dans le texte en indiquant entre parenthèses
  le nom de famille de l'auteur ou des auteurs, suivi d'une virgule, suivi
  de l'année de publication et, au besoin, ajouter deux points et
  indiquer les pages citées, comme dans l'exemple suivant: (Tremblay,
  1986: 7). Si on cite deux pages ou plus, on insère un tiret entre
  la première et la dernière page citée comme dans l'exemple suivant:
  (Tremblay, 1987: 7-8). Si on cite deux ouvrages publiés par le même
  auteur la même année, on différencie les deux ouvrages en ajoutant
  une lettre à l'année comme dans l'exemple suivant: (Tremblay,
  1987a, 1987b). Si on cite deux ouvrages distincts à l'intérieur de
  la même parenthèse, on place un point-virgule entre les deux
  ouvrages cités comme dans l'exemple suivant: (Tremblay, 1987;
  Lévesque, 1982). Une référence suit immédiatement, après les

guillemets et avant toute ponctuation, la citation ou le mot auquel elle se rapporte.

- Il n'y a pas de guillemets avant ou après une citation détachée du texte. Mettre entre crochets [...] les lettres et les mots ajoutés ou changés dans une citation, de même que les points de suspension indiquant la coupure d'un passage.

- Les textes présentés à la revue doivent être féminisés en suivant la politique du ministère de l'Enseignement supérieur et de la Science (Québec). On utilisera, dans la mesure du possible, les tournures neutres qui englobent les femmes autant que les hommes (par exemple: «les ressources professorales» au lieu de «les professeur-eure-s») et, à l'occasion, on utilisera le féminin et le masculin pour bien montrer qu'on fait référence aux femmes autant qu'aux hommes et on accordera les adjectifs et les participes passés avec le masculin (par exemple: les intervenantes et intervenants consultés).

- La bibliographie apparaît à la fin de l'article et comprend la liste complète des références faites. Les textes retenus sont classés par ordre alphabétique des noms d'auteures et d'auteurs. Souligner le titre des livres, revues et journaux, mais mettre entre guillemets (sans les souligner) les titres d'articles et de chapitres de livres.

- L'article doit être accompagné d'un résumé en français de 100 mots maximum et, lorsque c'est possible, de sa version anglaise.

- La version finale de l'article pourra être accompagnée de la disquette (Macintosh de préférence).

SERVICE SOCIAL

UNE REVUE À CARACTÈRE SCIENTIFIQUE ET PROFESSIONNEL

À toutes les personnes que l'analyse de la société et le travail social intéressent, nous proposons tout particulièrement les numéros suivants :

☐ 1988 (1-2) — Par-delà les barrières des sexes 10 $
☐ 1989 (1) — Aspects psychosociaux du sida 8 $
☐ 1989 (2-3) — Les politiques sociales 14 $
☐ 1990 (1) — Les problèmes sociaux 10 $
☐ 1990 (2) — Les groupes : innovations d'ici et d'ailleurs 10 $
☐ 1990 (3) — Les familles recomposées après divorce 10 $

ABONNEMENT ANNUEL

			$ CAN	
TARIFS CANADA	— individu		20 $	☐
	étudiant(e)*		16 $	☐
	organisme		32 $	☐
TARIFS U.S.A.**	— individu		22 $	☐
	étudiant(e)*		18 $	☐
	organisme		34 $	☐
TARIFS AUTRES PAYS*** (poste régulière)	— individu		26 $	☐
	étudiant(e)*		21 $	☐
	organisme		36 $	☐
TARIFS AUTRES PAYS*** (poste aérienne)	— individu		36 $	☐
	étudiant(e)*		31 $	☐
	organisme		46 $	☐

Abonnement 1990 ☐   Abonnement 1991 ☐

NOM _____

ADRESSE _____

_____CODE POSTAL _____

TÉLÉPHONE _____
                    bureau   résidence

Joindre votre paiement à l'ordre de Revue Service social.

RETOURNER À : Jocelyne Larochelle, Revue Service social, Bureau 3448, Faculté des sciences sociales, Pavillon Charles-De Koninck, Université Laval, Québec, Canada G1K 7P4.

* Joindre au formulaire une photocopie de la carte d'étudiant(e).
** Joindre au formulaire un mandat-poste, un chèque ou une traite **en dollars canadiens seulement** à l'ordre de Revue Service social.
*** Joindre au formulaire un mandat-poste en dollars canadiens **ou bien** un chèque ou une traite en dollars canadiens **tirés d'une banque canadienne seulement** à l'ordre de Revue Service social.

❖ Les dossiers parus

Vol. 1, n° 1 (automne 1988)
Dossier: Les CLSC à la croisée des chemins
Responsables: Benoît Lévesque et Yves Vaillancourt

Vol. 2, n° 1 (printemps 1989)
Dossier: Quinze mois après le *Rapport Rochon*
Responsable: Yves Vaillancourt

Vol. 2, n° 2 (automne 1989)
Dossier: Chômage et travail
Responsable: Danielle Desmarais

❖ Les dossiers à paraître

Vol. 3, n° 2 (automne 1990)
Dossier: Féminisme et pratiques sociales
Responsables: Christine Corbeil et Francine Descarries

Vol. 4, n° 1 (printemps 1991)
Dossier: Tiers monde et pratiques sociales
Responsables: Yao Assogba, Louis Favreau et Guy Lafleur

Vol. 4, n° 2 (automne 1991)
Dossier: La réforme, vingt ans après
Responsables: Denis Bourque, Hélène Caron-Gaulin, Clément Mercier
et Jean-Bernard Robichaud

Vol. 5, n° 1 (printemps 1992)
Dossier: Santé mentale
Responsables: Henri Dorvil, Jean Gagné et Mario Poirier

Vol. 5, n° 2 (automne 1992)
Dossier: Les groupes ethniques
Responsables: André Jacob et Micheline Labelle

ABONNEMENT

Je m'abonne à la revue *Nouvelles pratiques sociales* à partir
du volume _____ numéro _____

	1 an (2 numéros)	**2 ans** (4 numéros)	**3 ans** (6 numéros)
Individu	18 $	31 $	40 $
Étudiant	12 $	20 $	28 $
Institution	25 $	43 $	60 $
Étranger	30 $	52 $	72 $

À l'unité : 14 $

Nom _____

Adresse _____

Ville _____

Province ou pays _____ Code postal _____

Occupation _____

Institution _____

☐ Chèque ou mandat postal ci-joint

☐ Visa   ☐ Mastercard

N° de carte _____

Date d'expiration _____

Signature _____

Libellez votre chèque ou mandat postal en dollars canadiens à :

Nouvelles pratiques sociales
Presses de l'Université du Québec
C.P. 250, Sillery, Québec   G1T 2R1
Téléphone : (418) 657-3551, poste 2854
Télécopieur : (418) 657-2096

Achevé d'imprimer
en août 1990 sur les presses
des Ateliers Graphiques Marc Veilleux Inc.
Cap-Saint-Ignace, Qué.